Seibert · Rechtlose Kindheit

Katharina Seibert

Rechtlose Kindheit

Ein Kapitel über Ursachen und Entstehung einer chancenlosen Minderheit in unserer Gesellschaft

Beltz Verlag · Weinheim und Basel 1974

ISBN 3 407 83008 4

Satz: Typo Bach K.G., 62 Wiesbaden
Druck: Beltz, Offsetdruck, 6944 Hemsbach über Weinheim
Printed in Germany

Inhaltsverzeichnis

Einleitung

Kriminalität und Asozialität sind im Zunehmen begriffen. Jugendliche Bandenbildung, Rechtsbrecher im Jugend- und Kindesalter, jugendliche Drogensucht beunruhigen den „Normalbürger“. Wer aber denkt ernsthaft über die Ursachen nach? Strengere Maßnahmen, höhere Strafen, wie allenthalben gefordert, helfen nach aller Erfahrung nichts. Tatsächlich werden die Weichen für eine solche Entwicklung weitgehend bereits im frühesten Kindesalter gestellt. Und zwar unter Mißachtung der elementarsten Kindesrechte. Wir dulden Säuglingsheime, die aus gesunden Kindern Schwachsinnige machen; wir dulden Prügelstrafe und Mißhandlungen, was aggresive Asoziale hervorbringt. Unsere „Wohlstandsgesellschaft“ duldet in ihrer Mitte noch immer soziale Not, die vielfach die Grundlage für diese Mißstände abgibt.

Das sind die Rechte des Kindes

„Das Kind hat Anrecht auf besonderen Schutz. Es soll ihm, durch Gesetz und andere Möglichkeiten, jede denkbare Gelegenheit und Erleichterung geboten werden, damit es sich physisch in gesunder normaler Weise und in Freiheit und Würde entwickeln kann.
Zur vollen harmonischen Entwicklung seiner Persönlichkeit braucht das Kind Liebe und Verständnis. Es soll, soweit wie irgend möglich, in der Fürsorge und Verantwortung seiner Eltern aufwachsen, auf jeden Fall aber in einer Atmosphäre von Liebe und moralischer und materieller Sicherheit. Kein Kind soll im frühen Alter von seiner Mutter getrennt werden. Gesellschaft und Behörden haben die Pflicht, ganz besondere Sorgfalt für Kinder ohne Familie und ohne ausreichenden Unterhalt aufzuwenden.“
(Aus der Erklärung der Rechte des Kindes der Vereinten Nationen)

„Jedes deutsche Kind hat ein Recht auf Erziehung zu leiblicher, seelischer und gesellschaftlicher Tüchtigkeit.“
(§ 1 des Jugendwohlfahrtsgesetzes)

„Jede Mutter hat Anspruch auf den Schutz und die Fürsorge der Gemeinschaft.
Den unehelichen Kindern sind durch die Gesetzgebung die gleichen Bedingungen für ihre leibliche und seelische Entwicklung und ihre Stellung in der Gesellschaft zu schaffen wie den ehelichen Kindern.“
(Grundgesetz)

Und so sieht häufig die Praxis aus

„In Säuglingsheimen gibt es fast keine gesunden Kinder... Drastisch ausgedrückt, wird heute der Großteil der Säuglinge und Kleinkinder in der Massenpflege – von der Allgemeinheit subventioniert und unter aller Augen – systematisch und meist irreversibel intellektuell geschädigt und dann als geistig behindert jahrzehntelang der öffentlichen Sozialhilfe zugeführt.“ (Hellbrügge/Pechstein)

„Mit trompetenhafter Lautstärke wurde gefordert: Reform der Säuglingsheime! Aber es änderte sich nichts. Die Beharrungskräfte sind stärker, das Anstaltsartige (die möglichst billige Anstaltsversorgung von Kindern) mit seiner pfahlwurzelartigen Tradition besteht noch immer.“ (Mehringer)

„Die Probandin hat ihr achtjähriges Kind für längere Zeit an eine Kartoffelkiste gebunden und es so geschlagen, daß es sichtbare Spuren am Körper hatte. Laut Zeugenaussagen sah man das Kind nur mit einer Badehose bekleidet hinter der verschlossenen Kellertüre stehen von 7.30 bis 12.45 Uhr. Der Probandin konnte nicht nachgewiesen werden, daß sie ihr Züchtigungsrecht überschritten habe. In dem Kellereinsperren ist jedenfalls nicht unbedingt eine Mißhandlung zu sehen (Ansicht der Staatsanwaltschaft).“ (Ullrich)

„Anna L. mißhandelte ihre uneheliche dreijährige Tochter... zu

Tode. Das Kind wurde mit kochendem Wasser übergossen, mit Riemen zu Tode geprügelt.“ (Biermann)

„Über die besonderen Umstände, durch die Mangelschäden bedingt sind, herrscht in unserer Öffentlichkeit und insbesondere auch bei den öffentlichen Stellen eine geradezu beängstigende Ahnungslosigkeit.“ (Metzger)

Gestützt auf „familienrechtliche Gesetze, sind Hunderttausende von Kindern Eltern überlassen, die nicht die Fähigkeiten erworben haben, sie ohne schwere Deformationen zu erziehen“. (Moser)

1. Bleibende Schäden bei Heimsäuglingen

Mitternacht. Weihnachtsmesse in einer syrisch-katholischen Kirche in Südindien. Die Andächtigen wechseln ihre Haltung vom Kauern auf dem Boden zum Knien, wie es eben der Ritus vorschreibt. Gestühl kennt man nicht. Am Anfang wird die Messe hie und da von Säuglingsschreien gestört. Bald aber schlafen alle kleinen und kleinsten Kinder auf einem über die Steinfliesen gebreiteten Tuch vor den Knien der Mutter. Welche indische Mutter käme auf den Gedanken, sich von ihrem Säugling zu trennen, wohin sie auch geht und welche Zeit es sein mag.

Wer lächelt nicht ein bißchen über diese „primitive" Auffassung? Die medizinische Wissenschaft hat Begriffe für diese Kinder geprägt: „Brustsäuglinge" für die einen, „Bettsäuglinge" für die anderen, in unserem „zivilisierten" Leben, von Anfang an von der Mutter getrennt im eigenen Bettchen. Mit Überraschung müssen wir zur Kenntnis nehmen, daß unser „Fortschritt" im biologischen Sinne kein Fortschritt ist. Während der Brustsäugling niemals die Entfernung von der Mutter erleidet, entbehrt er bei uns die meiste Zeit die mütterliche Nähe. Diese Verbannung ins eigene Bett führt leicht zu psychischen Störungen beim Säugling und im extremen Fall zu der alarmierenden Erscheinung des Säuglingshospitalismus, von dem Kinderarzt Theodor Hellbrügge, München, als „Deprivations-Syndrom" bezeichnet, was man mit Mutterverlust-Symptome übersetzen kann. Schwere und nachhaltige Entwicklungs- und Verhaltensstörungen sind die Folgen.

Nach dem Basler Anthropologen Adolf Portmann gibt es zwei Vererbungsweisen für den Menschen: erstens die Vererbung über den Keim, die biologische oder genetische Vererbung, zweitens die soziale Vererbung, die Übertragung durch geistige Wirkweisen über das zentrale Nervensystem, also von außen durch die unmittelbare

Umgebung. Ein gutes Beispiel für diese zweite Vererbungsform ist die Sprache: sie wird als ein bereits vorhandenes Instrument der Gruppe durch Nachahmung übernommen und in jahrelangem Einüben allmählich erworben.

Kleinkinder-Kasernen

Die große Gefahr der Schädigung durch das Verlassenheits-Syndrom liegt in erster Linie bei einer Massenpflege kleiner Kinder. Der Münchner Kinderarzt Dr. Pfaundler wandte sich schon 1915 gegen die „widernatürliche Massenpflege“ junger Kinder in den damals allmählich in Mode kommenden Säuglings- und Kleinkinderheimen. „Der Mensch aber entzieht dem Kinde vielfach nicht allein die Mutterbrust, sondern auch die persönliche, die individuelle mütterliche Pflege, mit einem Worte, die ganze Mutter, und verbringt es in Pflegefabriken, in Säuglings- und Kleinkinder-Kasernen.“ Bis heute, mehr als ein halbes Jahrhundert danach, sind diese nur allzu treffenden Erkenntnisse von Pfaundler noch kaum bis in unsere Öffentlichkeit, auch nicht bis zu den verantwortlichen Behörden und Regierungsstellen gedrungen.
Das Thema „Heime“ ist wohl bei uns im Gespräch und steht im Mittelpunkt einer gewissen öffentlichen Kritik, doch wird in vielen Fällen so wenig differenziert und in einer schiefen Tendenz argumentiert, daß die Kritik den berechtigten Reformbestrebungen mehr schadet als nützt. Vor allem handelt es sich dabei aber meist nicht um Säuglingsheime, sondern um Anstalten für Jugendliche, für „auffällig Gewordene“, für Fürsorgezöglinge. Nur wenige Erwachsene sind sich im klaren, daß hier Erziehungs- und Besserungsversuche *viel zu spät* einsetzen. Die Jugendlichen sind jetzt für ihr späteres Leben bereits geprägt. Heilung und Eingliederung sind im Alter von 14 bis 18 Jahren schwierig und recht kostspielig geworden, falls sie überhaupt noch möglich sind.
Nur frühzeitige vorbeugende Maßnahmen können Abhilfe schaffen. Die Forderung ist nicht übertrieben, daß schon im Stubenwagen der Kampf gegen Asozialität und Kriminalität beginnen muß. Wissenschaftliche Untersuchungen liefern Beweise dafür.

Die Verantwortung der Gesellschaft

Das Problem hat genau genommen zwei Aspekte: da ist einmal die Verantwortung, die die Gesellschaft – und das sind wir alle – für jeden Mitbürger trägt. Diese Verantwortung wiegt um so schwerer, je mehr der einzelne infolge eigener Hilflosigkeit auf die Umgebung angewiesen ist. In der Tat können wir es nicht verantworten, ein Menschenschicksal zu zerstören, weil es zufällig im öffentlichen Säuglingsheim beginnt, wo die natürliche Entfaltung seiner angeborenen Möglichkeiten und Fähigkeiten mehr oder weniger verhindert wird. Anders ausgedrückt, niemand kann die Verantwortung übernehmen, aus einem durchschnittlich veranlagten und begabten Kind einen neurotischen Außenseiter, einen Schwachsinnigen, einen Rechtsbrecher zu machen, auf Lebenszeit. Nicht aus bösem Willen, kann man zur Verteidigung sagen. Aber Gleichgültigkeit, primitiver Egoismus wiegen hier so schwer wie Schuld. Wolfgang Werners Darstellung eines solchen Lebensweges in „Vom Waisenhaus ins Zuchthaus“ zeigt drastisch die ganze Unausweichlichkeit dieses Schicksals; alle verzweifelten Versuche, endlich durchzubrechen zu eigener Verantwortung und eigener Lebensgestaltung müssen mit geradezu Kafka'scher Auswegslosigkeit scheitern, an der Verständnislosigkeit der Erzieher im Jugendheim, den deprimierenden sozialen Familienverhältnissen, in die der Junge gerät, an der mangelnden Einsicht und Hilfe des überlasteten Bewährungshelfers, und schließlich an den Gerichtsurteilen, die durch Vorurteile geprägt, die „Stigmatisierung“, d. h. die Abstempelung zum Berufsverbrecher endgültig vollziehen.

Folgen für die Gesellschaft

Soweit die eine Seite. Die andere betrifft im eigentlichen Sinne uns selbst. Wir alle haben ein dringendes Interesse daran, unsere Jugend zu gesunden Menschen heranzubilden, die in der Familie und im Beruf ihr Leben einmal meistern werden, die Verantwortung tragen und wiederum ihren Kindern ein gutes Beispiel sein können. Dieses Ziel wäre weitgehend erreichbar, könnte man allen gesunden Kindern von Geburt an die richtige Erziehung zuteil werden lassen. Seelisch und geistig Kranke und Kriminelle hingegen sind nicht nur Belastung und Gefahr für den „normalen“ Bürger und Ursache zu Beunruhigung und Angst. Jeder Dissoziale und jeder Strafgefangene kostet den Bürger eine Menge Steuergelder, die eine sinnvollere Verwendung finden könnten.

Frühe Mutterentbehrung bedingt Aggression

Wissenschaftliche Untersuchungen, so sagten wir, liefern Beweise für die Schädigung durch die frühe Mutterentbehrung, was sich bei den Kindern ganz besonders in der Sprachentwicklung und der Einpassung in ihre Umgebung, ihrem Sozialverhalten äußert. Dieses Nicht-Erlernen des Sozialverhaltens eben ist die Grundlage für späteres auffälliges Verhalten und unter Umständen für Kriminalität. Dazu einige Auszüge aus den Beobachtungen der Wiener Psychologin Lotte Schenk-Danzinger an 34 schwer hospitalisierten Kindern:

„Die Kinder befanden sich seit ihrer Geburt in einem sehr schlecht geführten (inzwischen modernisierten) Kinderheim; sie wurden aber noch während ihrer Vorschulzeit in Familienpflege übernommen. Die Kinder hatten im Heim keine Bewegungsfreiheit außerhalb ihrer Betten, keine persönliche Ansprache, kein Spielzeug, sie konnten keinen Kontakt herstellen. Bei ihrer Entlassung aus dem Heim war ihr Zustand von einem angeborenen Schwachsinn (genuinen Debilität) nicht zu unterscheiden. Nach kurzer Zeit in der Familie erreichten die meisten von ihnen einen normalen Entwicklungsstand, sie holten in Motorik, das ist Stehen und Laufen, und in Intelligenz und Sprache auf.
In einem testmäßig nicht erfaßbaren Bereich blieben jedoch schwere und, soweit man es bis heute beurteilen kann, in Kindheit und Jugend nicht korrigierbare Störungen zurück, nämlich in der Anpassung an die Gemeinschaft. Die Untersuchung der hospitalisierten Kinder wurde ursprünglich dadurch veranlaßt, daß sie alle in ihren jeweils besuchten Schulklassen das gleiche unprovozierte, hochgradig sadistisch-aggressive Verhalten gegenüber anderen Kindern an den Tag legten, sowie eine völlige Unfähigkeit zu positiven oder neutralen Sozialkontakten. Unabhängig voneinander verfaßte Berichte der Lehrer über ihr Verhalten weisen eine geradezu frappante Ähnlichkeit auf. Hier einige Beispiele:

Kurt, 7 Jahre alt: ‚Läßt die anderen Kinder nicht in Ruhe, er darf nicht aus den Augen gelassen werden, da er die Kinder schlägt, grundlos stößt, ihre Sachen wegnimmt und zerstört; er sekkiert pausenlos.'

Johann, 6½ Jahre alt: ‚Steht während des Unterrichts auf und geht in der Klasse umher. Zeigt sich den Mitschülern gegenüber oft grausam, zwickt, schlägt und tritt mit den Füßen.'

Hannes, 8 Jahre alt: ‚Stiftet ständig Unruhe, stört den Unterricht durch boshafte Neckereien der Mitschüler – reißt Hefte ein, beschmutzt die Sachen der Kinder, verkritzelt ihre Zeichnungen, versteckt die Eßsäckchen, wirft mit Steinen auf dem Schulweg.'

Frau Schenk-Danzinger kommt zu dem Schluß, daß hospitalisierte Kinder zwar durchaus nach Beachtung und Zärtlichkeit streben, jedoch nicht in einer ihrem Alter angemessenen Weise. Die Kinder kommen vielleicht verspätet zu einer infantilen Anpassung an die Mutter, aber *nicht mehr zur Anpassung an die Gemeinschaft.* Einzelne Untersuchungen über längere Zeiträume von Kindern dieser hospitalisierten Gruppe, die dann als Jugendliche kriminell wurden, haben gezeigt, daß das Problem in folgendem besteht: diese Menschen sind zwar geistig und körperlich noch normal gereift, seelisch und gefühlsmäßig sind sie aber auf der Stufe etwa eines zweijährigen Kindes stehengeblieben.

Beobachtungen an siebzig Nazikindern

Untersuchungen von Theodor Hellbrügge, über die er erstmalig auf einer Arbeitstagung zum Deprivations-Syndrom für Heimärzte und Heimleiter im Mai 1968 berichtete, erhärten den gleichen Tatbestand in anderer Form. Es handelte sich um siebzig Kinder, die nach einem bestimmten Planungsvorhaben im nationalsozialistischen Sinne gezeugt und nach ausgewählten Erbanlagen später für eine hohe Stellung im Staatsleben vorgesehen waren. Denn man glaubte damals, daß eine positive Erbauswahl die beste Gewähr für eine entsprechend gute Lebensleistung geben müßte. Diese Kinder wurden dann in Spezialheimen aufgezogen, die nur solche Insassen aufnahmen, deren Eltern und Großeltern Erbgesundheitszeugnisse ohne jeden Makel vorweisen konnten. Hellbrügge, der an einigen dieser – äußerlich auffallend hübschen Kindern – 1946 zum ersten Mal den typisch leeren, unglücklichen, ängstlichen Gesichtsausdruck deprivierter Kinder feststellte, hat später mit viel Mühe den Aufenthalt dieser Kinder ermittelt, die inzwischen 17 bis 23 Jahre alt geworden waren. Bei 40 von ihnen konnten eingehende ärztliche Untersuchungen gemacht werden, die sich auch auf die früheren Jahre erstreckten. Eine weitere Untersuchung umfaßte eine altersentsprechende und in ihrer sozialen Stellung etwa gleichartige Vergleichsgruppe. Ein großer Teil der Heimkinder hatte erhebliche Störungen in der Sprachentwicklung. Bei fast allen wurde über große Lernschwierigkeiten berichtet. Bemerkenswert waren die großen Erziehungsschwierigkeiten im Verhältnis zur Vergleichsgruppe. Von den 70 Jugendlichen kamen 12 in Fürsorge-Erziehung. Häufig zeichneten sich diese Kinder durch überaus starke Kontaktarmut aus; sie wiesen dreimal so häufig neurotische Symptome auf als die Vergleichsgruppe. Ein nicht geringer Teil war bereits durch Asozialität, ja durch Kriminalität aufgefallen. Streunen und Eigentumsdelikte waren in den Akten verzeichnet. Unter den neurotischen Störungen fielen Stereotypie, Stottern, Depression und Angst auf. Fünf von 70 Jugendlichen näßten und koteten auch im Alter von mehr als 17 Jahren noch ein! Vergleichende Tests ergaben für diese aus ausgesuchten Bevölkerungsschichten stammenden Jugendlichen eine ganz erheblich niedrigere durchschnittliche Intelligenz; im Allgemeinwissen zeigten sie eine wirklichkeitsferne Einstellung, Störungen der Umweltbeziehungen, Haltlosigkeit, Gefühlsarmut und Kontakthemmungen.

Angst

Immer wieder begegnen wir in diesem Bericht von Hellbrügge wie auch anderswo im gleichen Zusammenhang dem Begriff „Angst“. Angst ist ein ganz wesentliches Stichwort für späteres kriminelles Verhalten. Angst führt nach den amerikanischen Untersuchungen von Redl und Wineman in „Kinder die hassen“ zu sinnloser, unkontrollierter Flucht oder zu sinnloser unkontrollierter Aggression; Angriff und Zerstörung richten sich dann völlig planlos gegen den nächsten Gegenstand oder die nächstbeste Person.

Hospitalisierte Rhesusaffen

Sehr aufschlußreich sind hierzu Tierversuche des Verhaltensforschers Harlow, USA, die verschiedentlich erwähnt werden. Gruppen von neugeborenen Rhesusaffen wurden aufgezogen

1. mit normalem Muttertier,
2. mit Ersatzmutter, d. h. einem mit Stoff bespannten Drahtgestell, das auch die Nahrung spendete,
3. ganz ohne Mutter.

Nur die Äffchen, die bei ihrer richtigen Mutter groß geworden waren, zeigten später die normale Entwicklung, nämlich die Fähigkeit zur Unterordnung unter die soziale Hierarchie der Tiergemeinschaft, das gegenseitige Sich-Putzen, die Spielkontakte mit Gleichaltrigen, das richtige Sexualverhalten. Affen mit einer Ersatzmutter suchten zwar in Gefahrenmomenten bei ihr Schutz und untersuchten ihre Umgebung, kamen aber über die ersten Stufen der Entwicklung nicht hinaus, da sie kein Verhaltensvorbild fanden, und sie versagten in der Anpassung an die Gemeinschaft. Die ohne Mutter aufgewachsen waren, blieben in ihrer sozialen Anpassung völlig unentwickelt. Es zeigte sich, daß es für diese mutterlosen Tiere kein Ziel bei einer Flucht vor etwas Unbekanntem gab, also keine Geborgenheit; sie untersuchten auch ihre Umgebung nicht; Apathie, Stereotypie der Bewegungen und gegen sich und andere gerichtete Aggressivität waren ihre Hauptmerkmale. Sie saßen zusammengekauert in einer Käfigecke und gerieten bei dem geringsten Geschehnis in Angst und Panik. Später verweigerten sie den Kontakt mit ihren Artgenossen und blieben Außenseiter bis an ihr Ende. Harlow selbst vergleicht ihren Zustand mit dem hospitalisierter Kinder.

2. Säuglingsheime – öffentliche Brutstätten der Asozialität?

Was ist eigentlich Hospitalismus oder Deprivations-Syndrom? Diese Erscheinung ist in den letzten Jahren immer gründlicher wissenschaftlich untersucht und dargestellt worden.

Das Bild des Hospitalismus

Unter dieser Überschrift schildert Andreas Mehringer seine Eindrücke nach zwanzigjähriger Tätigkeit als Leiter des Münchner Städtischen Waisenhauses aus der lebendigen Praxis. Mehringer baute nach dem Krieg das Waisenhaus wieder auf und schuf familienmäßige Gruppen mit jeweils eigener Betreuerin und eigener Wohnung. Wir zitieren:

„Es ist immer wieder erstaunlich, wie wenig – auch in Fachkreisen – die Not dieser Kinder, das Leben in den Säuglingsheimen, bekannt ist. Wer aber die Lage kennt, wird von Alpträumen verfolgt, bringt diese Bilder nicht los: die verlassenen Säuglinge in den Reihenbetten, vergeblich auf den Menschen wartend, der ihnen das erste Lachen entlockt, der sie aufliebt; das serienmäßige Füttern, Töpfen, Windeln; das zwischen die Knie gezwängte Kind, dem im Routinetempo Brei in den Mund gestopft wird; wie da bei den allzu vielen niemand ist, der Zeit hat, das einzelne kleine Wesen langsam zu füttern, mit ihm zu lachen; das Baden, Füttern, Zu-Bett-Bringen zu etwas zu machen, was beide beglückt; 15 und mehr Rutscher in einem Raum, jeder einzelne unbemuttert; das Zweijährige, das mit vielen anderen schon auf dem Topf sitzt, im Blickkontakt sich einen Augenblick wahrgenommen fühlt und dann verzweifelt losschreit, weil man es nicht nimmt, nicht bei ihm bleibt; dann die Not der Grö-

ßeren, die schon längst laufen, hinauskommen, sich frei bewegen sollten; ich habe beobachtet, daß man in den Kinderpferchen noch Schienen aus Holz angebracht hat, um auch das störende Umherrutschen der kleinen Topfsitzer, ein Minimum an Bewegung, verhindertn zu können; wie das verlassene Kind sich dann in sich selbst zurückzieht, in ticartigen Bewegungen den Kopf kreist und auf den Boden schlägt; wie da die wenigen Betreuungskräfte, die Schwestern und das sechzehnjährige Mädchen, ihre Helferin, auch noch mit Hausarbeiten ausgefüllt sind; wie sich die Menschen (auch das junge Mädchen) an diese grausame Welt gewöhnen, wie sie verkrusten, ihr natürliches Empfinden für das einzelne Kind verlieren, sich nichts mehr dabei denken; ...ein jahrelanger richtiger Krankenhausaufenthalt also, zu Beginn des Lebens, wie er schon von Erwachsenen kaum ausgehalten wird.
Und wer glaubt es denn, daß es auch heute in den Säuglingsheimen noch so ist? Wer geht denn schon wirklich hinein, wer darf überhaupt hinein? Wer überzeugt sich selbst, bleibt eine Stunde und länger in solchen Kindersälen, läßt diese vielen Kindergesichter auf sich wirken, bis ihm das Grauen kommt vor dieser Welt ohne Liebe!
Seit vielen Jahren erleben wir – anläßlich der Abholung der etwa 2jährigen in unser Heim – diese Kinder. An einigen Hundert von ihnen mußten wir feststellen: sie können mit zwei Jahren noch nicht laufen, kaum richtig stehen, nichts Festes essen, müssen die natürlichen Bewegungen, das Greifen, das Spielen erst nachlernen. Sie können nicht lachen und nicht weinen, nur schreien. Diese etwa zweijährigen Kinder sind von einer erbarmungswürdigen Hilflosigkeit." Und später bleibt „eine Unfreiheit, Unsicherheit, ein autistisches Verhalten (die eigene Person immer als Mittelpunkt). Sie haben es, größer werdend, immer nötig, immer wieder in aufregender Weise auf sich aufmerksam zu machen... sie zeigen sich „boshaft", zerstören gern, ordnen sich nicht ein."

Die Symptome

„Frustration im frühen Kindesalter" lautet der Titel einer Arbeit von Marie Meierhöfer und Wilhelm Keller, die als Standard-Pro-

blem des Säuglingshospitalismus gelten darf. Frustration bedeutet die Enttäuschung, die sich bei jedem Menschen – nicht nur beim Säugling – zeigt, wenn seine Erwartungen und Wünsche immer vergeblich sind, ständig enttäuscht werden, wenn Bemühungen niemals Anerkennung finden. Die Arbeit beruht auf umfassenden Studien, die in den Jahren 1958–61 an 441 Kindern im Alter von 14 Tagen bis 7 Jahren in zwölf Säuglings- und Kleinkinderheimen des Kantons Zürich vorgenommen wurden. Die Ergebnisse stimmen mit zahlreichen gleichartigen Untersuchungen überein.
Durchweg wurden Entwicklungsstörungen festgestellt. Schon im Alter von 3 Monaten zeigt sich ein beträchtlicher Rückstand der Heimsäuglinge im Vergleich mit Familienkindern. Im Laufe des ersten Lebensjahres bleibt dann das Kind immer weiter in seiner gesamten Entwicklung zurück. Da es die einzelnen Reifestufen verspätet und unvollständig erreicht, ist auch der Aufbau der folgenden Stufen gestört.

Ausdruck von Gram

Eindrucksvoll wird die Art der Leidensverarbeitung des hospitalisierten, d. h. unter Mutter-Entbehrung heranwachsenden Säuglings schon auf der frühesten Stufe dargestellt. Viele dieser Kinder trugen schon von 4 Wochen ab einen gespannten, unglücklichen Zug im Gesicht, zum Beispiel einen depressiven Ausdruck mit zusammengepreßtem Mund und manchmal mit zusammengezogenen Augenbrauen, „was dem Gesichtchen einen finsteren Ausdruck verlieh“. Später, bei Zwei- bis Dreijährigen, fiel bisweilen ein ängstlich-erstarrtes Verhalten auf, sie klammerten sich mit einer Hand ans Bett oder an die Badewanne. Eine seltene, aber sehr eindrückliche Geste bestand im Zusammenpressen und Ringen der Händchen, was wie der verzweifelte Ausdruck einer starken inneren Spannung anmutete. Nicht selten flüchteten sich die Kinder bei Annäherung eines Erwachsenen in stereotype Bewegungen, wie um den Anforderungen einer Begegnung auszuweichen. Eine andere Art der Flucht bestand darin, sich gänzlich aus der Wirklichkeit auszuschalten. Das ergab ein charakteristisches Aussehen: ein verhängtes, gleichgül-

tiges Gesicht, das einen „blöden“, abwesenden Ausdruck trägt, ein vager Blick ins Leere, schlaffe Haltung und fahrige Bewegungen. Man spürte, daß das Kind nicht „da“ war. Ohne innerlich beteiligt zu sein, konnte es so routinemäßig den Heimbetrieb mitmachen und fiel aus diesem Grunde dem Personal nicht besonders auf.
In der Regel erkämpft sich das Heimkind sein Recht nicht. Es gibt seinen positiven Bedürfnissen und Gefühlen nur schwachen Ausdruck; selten hörte man einen Säugling oder ein Kleinkind spontan Töne des Wohlbehagens wie Prusten, Jauchzen, Schnalzen und anderes von sich geben. Bei der Sprache und lautlichen Kommunikation ist – neben den Umwelt-Kontakten – der Rückstand am ausgeprägtesten. Lautliche Äußerungen, auch Lallen, waren bei den Heimkindern bis zum Ende des zweiten Lebensjahres spärlich, laute Töne und anhaltendes spontanes „Plaudern“ waren äußerst selten. Alle diese Beobachtungen zeigten, daß die Heimkinder zu keiner vollen Entwicklung des direkten, umweltadressierten Ausdrucks gelangt waren. Um so mehr wandten sie sich den Befriedigungsmöglichkeiten am eigenen Körper zu. Das ist in erster Linie das Lutschen, das Kauen an Fingernägeln und Spielzeug und das Spielen mit den eigenen Genitalien. Selbst auf der Altersstufe von vier bis sechs Jahren wußten diese Kinder fast nichts anderes zu tun als herumzurennen, zu schaukeln, irgendwo verloren dazustehen.

Stereotypien

An physischen Störungen, die als Folge der Mutter-Entbehrung beobachtet wurden, stehen an erster Stelle die schon erwähnten Stereotypien. Das sind rhythmisch wiederholte, gleichförmig ablaufende, automatisierte Bewegungen, die den jeweils erreichten altersmäßigen Entwicklungsstufen angepaßt sind. So konnte man bei kleinen Säuglingen von drei Monaten ab ein Hin- und Herrollen des Kopfes in Rückenlage beobachten, was oft mit erschreckender Geschwindigkeit ausgeführt wurde. Bei größeren Säuglingen wurde bei dieser Rollbewegung der Rumpf meist mitgedreht. Andere Bewegungen des Rumpfes, z. B. ein rhythmisches Heben und Senken des Bauches und Gesäßes kam bei Säuglingen in der zweiten Hälfte des ersten Lebensjahres vor, die viel in Rückenlage niedergebunden waren. Wo Kinder nicht in Rückenlage fixiert wurden, bildete sich eine der häufigsten Formen stereotyper Bewegung, nämlich ein in der Kriechstellung vollzogenes Vor- und Zurückwiegen des Rumpfes, wobei nicht selten der Kopf auf der Unterlage oder am Bettrand aufgestoßen wurde. Bei Säuglingen, deren normale Lage die Rückenlage war, und denen die Beschäftigung mit Spielzeug oder die Möglichkeit, die Vorgänge im Zimmer verfolgen zu können, versagt war, fielen stereotype Finger- und Handbewegungen auf. Es sind höchst eigenartige Bewegungsgestalten, wie sie normalerweise bei Säuglingen zu Hause nicht beobachtet werden. Einige wenige Kinder waren so in ihre Stereotypien versunken, daß man sie kaum mehr ansprechen konnte. Die meisten Kleinen trugen dabei einen unbewegten, gleichgültigen, leeren Ausdruck zur Schau. Aber auch andere physische Krankheitserscheinungen, vor allem Störungen bei der Nahrungsaufnahme, wurden festgestellt.

Das Heimkind resigniert

Zusammengefaßt ergab sich bei Studien über längere Zeiträume unter anderem folgendes Ergebnis: Während sich die Säuglinge im ersten halben Lebensjahr noch einigermaßen kontaktsuchend verhielten und ihren Gefühlen meist noch direkten Ausdruck zu geben vermochten, begann bei vielen Kindern um 6 Monate ein ängstliches Benehmen, das dann bis zum 12. Monat immer mehr überhand nahm. Gerade im Alter von einem Jahr, in dem das Kleinkind im Familienmilieu, über seinen ersten engen Lebenskreis hinausstrebend, seine weitere Umgebung zu erforschen und seine Fähigkeiten zu erweitern beginnt, zieht sich das Heimkind immer mehr in sich zurück und begnügt sich mit der Einordnung in seine Umgebung. Die verzögerte sprachliche Verständigung und die karge Entfaltung auch der nicht-sprachlichen Mitteilungs-Möglichkeiten verstärken die Isolierung. Im zweiten und dritten Lebensjahr nimmt eine ängstliche Abwehr gegenüber allem Neuen überhand und verhindert das Experimentieren, das Selbstständigwerden, z. B. in bezug auf Reinlichkeit, und vor allem das Erlernen sozialer Einpassungsformen.

Höchst nachteilig wirkte sich regelmäßig der Wechsel von Abteilung zu Abteilung aus, der bei einer Einteilung nach Altersstufen unumgänglich wird. Der Wechsel zeigte sich schon bei kleinen Kindern als einschneidendes Erlebnis, bei drei, sechs und neun Monate alten Säuglingen wurde er oft deutlich registriert durch vermehrtes Weinen, Schlafstörungen und verstärkte Stereotypien. Bei einem schon bestehenden ängstlich-depressiven Zustand wirkte der Abteilungswechsel wie ein Schock.

Nicht Folgen der Abstammung

Um zu klären, ob der Entwicklungsunterschied nicht doch vielleicht auf der sozialen Herkunft beruht, wurden die Leistungen von Heimkindern, deren Eltern Hilfsarbeiter waren, mit den Leistungen von Familienkindern der gleichen Berufsgruppe verglichen. Es zeigte sich, daß auch die Kinder von Hilfsarbeitern, die in der Familie aufwachsen, einen normalen Entwicklungsstand erreichten. „Zusammenfassend kann gesagt werden, daß die Herkunftsverhältnisse der Heimkinder auf den Entwicklungsstand der Kinder ohne Einfluß geblieben sind.“ Daraus ergibt sich zwingend, daß die entscheidenden Einflußfaktoren im Heimmilieu zu suchen sind, zumal sich erhebliche Unterschiede im Entwicklungsrückstand der Kinder von Heim zu Heim zeigten.
Eine intensive Aufklärungsarbeit in der Öffentlichkeit – auch in der ärztlichen – über die Schwere der Schädigung durch Massenpflege bei jungen Kindern fordern die Kinderärzte Hellbrügge und Pechstein. Ihre Feststellung, ein Großteil der Säuglinge und Kleinkinder in den Heimen werde systematisch und meist irreversibel geschädigt, regelrecht schwachsinnig gemacht und dann als geistig behindert jahrzehntelang der öffentlichen Sozialhilfe überlassen, wurde am Anfang zitiert. In ihren Berichten wird – wie auch sonst immer wieder – zunächst betont, daß das Pflegepersonal, das aufopferungsvoller und häufig intensiver als jede andere Gruppe in der Gesellschaft arbeitet, in keiner Weise verantwortlich für die Mißstände gemacht werden kann. Den Schwestern fehlt häufig der unmittelbare Vergleich mit der Entwicklung gesunder Kinder; sie werden

aber auch *sehr ungenügend über die neuen wissenschaftlichen Erkenntnisse und deren Bedeutung informiert.* Außerdem kann auch die größte Aufopferungsbereitschaft der Heimschwestern bei dem gegenwärtigen Personalschlüssel von fünf bis zehn Säuglingen pro Erwachsener unmöglich die nötige Zeit für den einzelnen Säugling erbringen.

Heimuntersuchungen in der Bundesrepublik

Pechstein berichtet über die derzeitige Situation der Heimkinder auf Grund eigener ausgedehnter Untersuchungen, die von der „Forschungsstelle für soziale Pädiatrie" an der Universität München (Leitung Professor Theodor Hellbrügge) von 1967 bis 1970 durchgeführt wurden. Diese Studien erstreckten sich auf vierzig Säuglingsheime in verschiedenen deutschen Bundesländern und Westberlin; etwa 3000 Säuglinge und Kleinkinder bis zu drei Jahren wurden untersucht.
Aus der amtlichen Statistik, sagt Pechstein, kennen wir den Umfang des Problems. Ende 1965 waren 17324 Betten in Säuglingsheimen verzeichnet. Das entspricht fast dem gesamten Bestand der Betten an deutschen Kinderkliniken. Es läßt sich errechnen, daß jährlich etwa 20000 Kinder für kürzere oder längere Zeit in Säuglingsheime eingewiesen werden, das sind etwa 2% aller Kinder, die in der Bundesrepublik im Laufe eines Jahres geboren werden.
Sehr plastisch legt Pechstein das Zurückbleiben der Heimkinder an Abbildungen von Entwicklungsprofilen dar. Wie deprimierend wirken diese Profile, etwa die scharf nach unten zeigende Kurve eines Kindes, das seit mehr als einem Jahr im Heim lebt. Oder Untersuchungen über längere Zeiträume, die deutlich die Abhängigkeit zwischen der Dauer des Heimaufenthaltes und dem immer stärker fortschreitenden Entwicklungsrückstand darlegen. Bei einem am Anfang noch normalen Verlauf, zeigt sich allmählich ein immer weiteres Zurückbleiben aller Funktionen, besonders aber auch hier der Sprach- und Sozialentwicklung. Die statistische Auswertung einer untersuchten ersten Gruppe von 500 Kindern ergab bei einem Heimaufenthalt von mehr als sechs Monaten bei 71% der Kinder

einen Rückstand in der Sprach- und Sozialentwicklung von 50%, also um die Hälfte ihres Lebensalters. Pechstein bezeichnet das veränderte Verhalten des Heimkindes als „Entwicklungskrankheit“. Auch er wendet sich leidenschaftlich *gegen das Argument von der* sogenannten *negativen sozialen Auslese.* ... „Hier sind häufig Vorurteile anzutreffen, die eine unbefangene Analyse, aber auch – im Bereich der Pflege – eine positive Einstellung zu bestimmten Kindern von vornherein verhindern. Wir wissen natürlich, daß zwischen 80 und 90% der Kinder in den Heimen unehelich geboren sind, daß ein Teil der Mütter sozial entgleist beziehungsweise kriminell ist. In solchen Fällen pflanzt sich dann das Schicksal der zumeist in ihrer Kindheit ebenfalls deprivierten Mütter fort, jedoch nicht durch Vererbung, sondern zunächst vielfach durch unser Zutun. Die ‚Vererbung‘ ist oft nur ein schlecht kaschierter Entschuldigungsgrund... für unsere mangelnde Hinwendung an derartige Kinder.“
Ebenso wie bei den Züricher Studien wurde auch durch die Münchner Forschungsstelle dieses Vorurteil eindeutig widerlegt. Es wurden vergleichende Untersuchungen auf vierzig Säuglinge und Kleinkinder in *Frauengefängnissen* und *Spezialheimen* für Mutter und Kind ausgedehnt, in denen Kinder einzeln mit ihren Müttern oder mit anderen Erwachsenen zusammen untergebracht waren. In keinem Fall wurden bei diesen Kindern Rückstände nachgewiesen, die mehr als 10 oder 20 Prozent betrugen. Im allgemeinen entwickelten sich diese Kinder altersentsprechend.

Kein geistiger Fortschritt ohne Anregungen

Pechstein weist auf die „seit langem“ bekannte, aber im allgemeinen wenig bedachte Tatsache hin, daß das Gehirn in der ersten Lebenszeit einen gewaltigen Entwicklungsprozeß durchläuft, und damit sämtliche sonstigen Funktionen und Organdifferenzierungen weit hinter sich läßt. Es erreicht am Ende des ersten Lebensjahres bereits einen Wert von 50 Prozent und am Ende des dritten Lebensjahres einen Wert von 75 Prozent des gesamten Gewichtswachstums von der Geburt bis zum Erwachsenenalter. In dieser Zeit besteht für die Entwicklung des Zentralnervensystems offenbar *eine*

besondere Abhängigkeit von äußeren Entwicklungsreizen. In geradezu „erstaunlichem Ausmaß“ ist der Säugling auf diese Entwicklungsreize angewiesen, die ihm nur durch ausreichende Zuwendung einer mütterlichen Person zuteil werden können. Diese grundlegende Tatsache kann gar nicht oft genug betont werden. Was es bedeutet, wenn diese Zuwendung fehlt, beweisen die katastrophalen Folgen. Andererseits weiß die Biologie, daß Organe in Zeiten schnellen Wachstums außerordentlich schadensempfindlich sind. Damit wird die Feststellung erhellt, daß Kinder von Hospitalisations- und Verkümmerungsschäden umso leichter betroffen werden, je kleiner sie sind.
Und noch eine ganz andere Frage spielt hier herein. Das ist die vielberedete *Chancengleichheit* für alle Kinder. Sie von der Schule zu erwarten, ist eine undurchdachte Foderung. Die Schule kann die Chancengleichheit nicht leisten, weil mit sechs oder auch mit fünf Jahren die wesentlichen Entwicklungsmöglichkeiten versäumt sind. Mit den ersten Lautformungen des Kindes setzt ja auch die intellektuelle Entwicklung bereits ein. Da das Gehirn mit 3 bis 4 Jahren einen weitgehenden Reifegrad erreicht hat, kann das bis dahin Versäumte in den späteren Jahren nie mehr ganz ausgeglichen werden. Die Chancengleichheit kann *von der Schule* also höchstens noch *begrenzt nachgeholt* werden. Nach neuen Forschungen ist auch die Intelligenz des Menschen als solche weniger angeboren, als vielmehr ebenfalls durch den Einfluß der Umgebung in dem Kind geweckt und entwickelt.

Auswirkungen des Hospitalismus

Das beweisen auch die mit dem Hufeland-Preis ausgezeichneten Forschungsergebnisse von Professor Hassenstein, Freiburg. Seine Ausführungen aus der Sicht der Verhaltensforschung liefern in einmaliger Weise Erläuterung und Erklärung zu den Darstellungen des Säuglingshospitalismus, wie wir ihn schon aus den Beobachtungen von Meierhofer und Keller an den Zürcher Heimen kennengelernt haben. Hassenstein bezeichnet den Säuglingshospitalismus als die „schwerste und für das spätere Schicksal des betroffenen Menschen wohl folgenreichste Verhaltensstörung im Kindesalter". Folgen im Schulalter sind danach:

„1. nur Hilfsschulreife – aber nicht wegen mangelnder intellektueller Begabung, sondern aufgrund eines weit unterentwickelten Konzentrations- und Lernvermögens;
2. *übermäßige Aggressivität*;
3. Weglaufen von Wohnstätten."
Beim Erwachsenen beobachtet man dann vielfach:
„1. Verwahrlosung;
2. Gemütlosigkeit, d. h. Unfähigkeit zum Handeln aus Mitgefühl, so als wenn Appelle ans Mitgefühl auf keinerlei Saiten treffen, die mitschwingen könnten;
3. Unfähigkeit zu menschlichen Bindungen und zur Übernahme von menschlicher und sozialer Verantwortung;
4. überdurchschnittliche Neigung zur Kriminalität."

Als wesentliche Ursache für die Entstehung des Säuglingshospitalismus bezeichnet auch Hassenstein den häufigen Wechsel von Umgebung und Betreuerin im ersten und zweiten Lebensjahr des Kindes. Er begründet das so:

„Biologisch gesehen ist der menschliche Säugling ein ehemaliger ‚Tragling'. Damit ist gemeint: ähnlich wie sich die Jungen fliegender und baumlebender Säugetiere (Fledermäuse, Affen, Menschenaffen) ans Muttertier anklammern und von ihm stets mitgetragen werden, gehört auch das Menschenkind biologisch in vielen seiner Verhaltenseigenschaften zum Typus des von der Mutter mit sich getragenen Jungen, des Traglings. Dies zeigen die Klammerreflexe des Säuglings und Kleinkindes, aber auch das angeborene Bedürfnis, Anwesenheits-Signale von einem betreuenden Wesen zu erhalten.

Mutter-Kind-Bindung ist eine Prägung

Entscheidend für die Mutterbindung ist folgendes: das Kennenlernen des Gesichts der mütterlichen Betreuerin ist kein gewöhnlicher

Lernvorgang, sondern es entspricht – wie auch bei höheren Tieren – einer Sonderform des Lernens, der sogenannten Prägung. Die Prägung zeichnet sich dadurch aus, daß das einmal Gelernte nicht beliebig umgelernt werden kann. Weil nun das Kennenlernen des Gesichtes der Betreuerin eine Prägung ist, kann das Baby diesen Lernprozeß nicht vollziehen, wenn es während der Prägungsphase kein Gesicht wiederzuerkennen vermag und immer wieder andere Gesichter sieht, als es erwartet. Einem solchen Kinde ist es verwehrt, eine bleibende Beziehung zu einer Bezugsperson zu gründen. Das hat weitreichende, auf den ersten Blick gar nicht zu ahnende Konsequenzen. Das Anblicken menschlicher Gesichter wird abdressiert, weil immer wieder fremde Gesichter erscheinen, die nur *Angst* auslösen – so daß das Anschauen stets mit einer Enttäuschung endet. Darin liegt eine zwangsläufige Negativdressur. Das hospitalgeschädigte Kind lächelt daher nicht und vermeidet es, menschliche Gesichter anzusehen.

Es fehlt aber auch diejenige Situation prinzipiell, die allein Angstfreiheit gewährt: Das Schutzsuchenkönnen bei der Prägemutter, bei der sich das kleine Kind völlig geborgen fühlt. Beim prägemutterlosen Kind ist die Verlassenheitsangst nicht zu beheben, was sich später im entscheidenden Verhaltensbereich Erkunden und Spielen hemmend und hindernd auswirkt. Die Angst bleibt immer im Hintergrund, auch wenn reale Gründe dafür gar nicht bestehen.

Bei fehlender individueller Bindung sind für das Kind schließlich auch keine Menschen da, die es als Vorbild zu nehmen vermag; es kann sich mit niemandem identifizieren. Mit all dem versäumt das prägemutterlose Kind eine ganze Welt von Lern- und Erfahrungsschritten: es lernt menschliche Gesichter nicht zu unterscheiden, und die unendlich reiche Sprache der Mimik des menschlichen Gesichtes bleibt ihm fremd. Die Phase des *schnellsten Lernens im ganzen menschlichen Leben* – im Rahmen des Erkundens, Spielens, Nachahmens und Nachsprechens im 2. bis 5. Lebensjahr – wird nicht hinreichend genutzt. Damit bleibt auch die Sprache arm. Der so erzeugte Pseudoschwachsinn wirkt sich aus in völligem Schulversagen trotz normaler Veranlagung.

Hieraus folgen im weiteren Lebenslauf wiederum verhängnisvolle Konsequenzen: die dauernd im Hintergrund vorhandene *Angst* verhindert tiefe innere Gefühlsbeziehungen zu anderen Menschen. Aus der Angst erwächst häufig Mißtrauen gegen alle Menschen und Aggressivität. Erfolgserlebnisse in allen Bereichen, die differenziertere Leistungen, Ausgeglichenheit und Stetigkeit voraussetzen, sind selten; daher entwickelt sich kein innerer Anreiz zu regelmäßiger Arbeit."

Auch die Studienergebnisse von Hassenstein untermauern also eindeutig unsere Theorie, daß bereits im Stubenwagen der Weg ins Gefängnis beginnen kann. Wo Angst an die Stelle des natürlichen kindlichen Vertrauens tritt, erfolgt – beim Menschen wie beim höheren Tier – eine „Negativdressur", die, da diese Fehlentwicklung selten noch ausgeglichen werden kann, oft zum Versagen im Leben und oft ins Verbrechen führt.

Man weiß das – aber es geschieht nichts

Man weiß es. Allerdings gilt diese Feststellung mit Einschränkung. Fachleute, insbesondere Kinderärzte und Sozialarbeiter sind wohl mehr oder weniger über die Grundlagen der kindlichen Verhaltensstörungen informiert. Immer noch wenig aber wissen die, die es am meisten angeht: die Eltern. Und auch die Öffentlichkeit nimmt wenig Notiz. Behördenträgheit und Gleichgültigkeit der politisch Verantwortlichen tun ein übriges. Diese wehrlosen Kinder haben eben keine Lobby und sind keine potentiellen Wähler. Reformieren von Kinderheimen macht sich politisch nicht bezahlt. Und man hat natürlich „kein Geld". Vielmehr sollen sich solche Heime auch noch „rentieren".

Radikales Umdenken ist nötig

Dabei werden in unzähligen Studien und Veröffentlichungen, angefangen von Pfaundler über René Spitz bis zu den hier erwähnten Untersuchungen übereinstimmende und durchaus realisierbare Vorschläge unterbreitet. Ein radikales Umdenken von Beginn wird verlangt. Das muß schon in den Entbindungsanstalten einsetzen; das Neugeborene soll nicht mehr von der Mutter getrennt, sondern mit ihr im gleichen Zimmer untergebracht sein, damit sich der wichtige erste Kontakt von Mutter und Kind einstellen kann. Reine Säuglingsheime sollten aufgelöst oder in ausgesprochene Durchgangsheime umgewandelt werden. In Nordrhein-Westfalen werden zum Beispiel reine Säuglings- und Kleinstkinderheime nicht mehr mit Landesmitteln gefördert. Die konventionelle Einteilung in Altersgruppen muß einer familiengerechten Gruppierung aller Altersstufen weichen. Dadurch entfällt dann automatisch der so folgenschwere Wechsel von Abteilung zu Abteilung und der Wechsel der Pflegerin für das einzelne Kind. „Auch bei familienmäßiger Einteilung“, sagt Mehringer, „spielt die Hereinnahme von einigen ganz kleinen Kindern eine besonders positive Rolle. Wir müssen dabei freilich jeweils selbst die Initiative ergreifen. Von selber bekommen wir diese Kinder (vor allem solche, die nicht adoptionsfähig sind) nicht. Die Kinder ‚bleiben liegen‘. Wenn wir warten würden, was uns das Jugendamt einweist, bekämen wir nur größere, nach vielen Versetzungen schon seelisch gestörte Kinder.“

Die Heime neu organisieren

Die Tätigkeit der Schwestern im Heim ist so zu organisieren, daß für sie ausreichend Zeit zur Hinwendung an das einzelne Kind eingeplant ist. Einer Schwester dürfen nicht mehr als fünf bis sechs Säuglinge zugemutet werden. Immer noch aber werden Säuglingsheime eingerichtet, in denen auf eine Pflegeperson zehn und mehr Kinder kommen. Sehr nachahmenswert ist das Beispiel der bekannten tschechischen Kinderärztin Maria Damborska. In dem von ihr geführten Heim werden die *Schwestern als qualifizierte Kräfte* angesehen und sind jeder Verpflichtung zu groben Arbeiten enthoben, wie Aufräumen, Umgang mit der schmutzigen Wäsche und anderen Tätigkeiten, die sie von ihrer eigentlichen Aufgabe ablenken. Die Schwestern erhalten eine Spezialausbildung, ihre Arbeit steht außerdem noch *ständig unter ärztlicher Kontrolle.* Man versucht hier, schon der Entstehung des Deprivations-Syndroms mit allen

Mitteln entgegenzuwirken – und durchaus mit Erfolg. Die Zeiteinteilung gibt den Schwestern schon die *Möglichkeit und den Auftrag,* sich mit jedem einzelnen Kind intensiv zu befassen, mit ihm zu spielen und zu plaudern. Die Sprechentwicklung und auch das Zustandekommen einer Mutter-Kind-Bindung werden ganz besonders gefördert. Dies sind natürlich nur ganz wenige Punkte aus einem intensiven Arbeitsprogramm.
Warum ist hier offenbar wieder einmal etwas möglich, was bei uns „nicht geht"? Mehringer erwähnt z. B. folgende Erfahrung:
„Ich habe oft starre Einstellungen erlebt; zum Beispiel die Antwort eines Verbandsleiters, als ich in einem Vortrag sagte, diese Kinder müssen in einer Situation sein, daß der betreuende, mütterliche Mensch Zeit hat, auch eine halbe Stunde mit einem solchen Kind zu vertrödeln, der damals antwortete: alles was recht sei, aber eine halbe Stunde mit den Kindern Zeit zu vertrödeln, das könne sich ein Verband nicht leisten – wortwörtlich. Ich könnte aus den Erfahrungen im Zusammenhang mit der Frage, wie schuld Oberinnen und Verbandsleiter sind, auch noch andere Beispiele anführen. Die Träger der Heime müssen aber endlich die lebensnotwendigen Maßnahmen begreifen und berücksichtigen lernen. Dazu müssen auch Kinder, bei denen eine Anstaltserziehung nicht zu umgehen ist, so bald als möglich in Heimen mit familienartigem Charakter untergebracht werden."

Forderungen von Kinderärzten

In der Tschechoslowakei stehen Kinderheime unter der Leitung von Kinderärzten. Die gleiche Maßnahme fordern Hellbrügge und Pechstein aus der Sicht der Mediziner auch für unsere Heime.
„Für diese Heime sind nicht selten Kostenträger zuständig, die ohne genügende Kenntnis vom gesunden und kranken Kind der schweren Aufgabe einer kindgerechten Anstaltsfürsorge nicht gewachsen sind. Die meisten dieser Heime stellen deshalb *eine Gefahr für die Entwicklung der Kinder* dar, die nur durch rasche Maßnahmen abgewendet werden kann." Diagnose und Behandlung ganz besonders des deprivierten Kindes wird ganz entschieden als „eine zentrale

medizinische Aufgabe" bezeichnet. „Bei unseren Untersuchungen an über 1000 Säuglingen...stellte sich heraus, daß ein nicht geringer Teil der als gesund bezeichneten Säuglinge und Kleinkinder in den Heimen nicht nur depriviert war, sondern darüber hinaus zum Teil schwere Behinderungen aufwies, wie schwere cerebrale (vom Zentralnervensystem verursachte) Bewegungsstörungen, Blindheit, etc. die erst durch unsere Untersuchungen aufgedeckt wurden." (Hellbrügge)

Bei Kindern, die schon schwer durch die „Entwicklungskrankheit" im Heim gestört sind, ist nur sehr schwer und nur durch Spezial-Untersuchungen festzustellen, ob sie einen *Gehirnschaden oder „bloß"* einen *Heimschaden* haben. Oft besteht nur bei absoluter Früherkennung eines angeborenen Schadens überhaupt eine Möglichkeit zur Heilung oder zur Besserung. Solche Kinder mit einem nicht erkannten und nicht behandelten Geburtsschaden sind natürlich in einer ganz und gar hoffnungslosen Lage, wenn zu ihrer Behinderung auch noch das Deprivations-Syndrom hinzukommt.

Dazu sind auch bei uns die Schwestern sehr viel gründlicher auszubilden; auch muß ihnen die außerordentliche Abhängigkeit der kindlichen Entwicklung von der unmittelbaren Behandlung endlich klar und deutlich zu Bewußtsein gebracht werden. „Die Schwestern in den Heimen wissen – wie wir bei unseren Untersuchungen festgestellt haben – oftmals überhaupt nichts von der grundlegenden Bedeutung ihrer Zuwendung für die Kinder. Sie erfahren nur selten, daß das Spielen, Liebkosen und vor allen Dingen das Sprechen mit den Kindern mindestens gleichrangig neben Maßnahmen der Pflege im engeren Sinne zu stehen hat. Viele Schwestern werden sogar heute noch... davor gewarnt, ‚sich zu viel mit dem Säugling abzugeben'." „Ein Grundproblem ist, die Schäden bei den Kindern überhaupt erst einmal sehen zu lernen und als vermeidbar begreiflich zu machen. Die Schwestern müssen verstehen, daß mit den heutigen wissenschaftlichen Feststellungen ihnen bisher unbekannte neue Möglichkeiten der Förderung ihrer Schützlinge an die Hand gegeben werden." Die Erkenntnis, durch aktives, persönliches Engagement Entscheidendes für das weitere Leben des Kindes bewirken zu können, kann neue Impulse auslösen und den Anstalten eher als jetzt das so dringend vermißte Personal zuführen. Pechstein verweist auf die Empfehlungen der Deutschen Gesellschaft für Sozialpädiatrie, die neue Richtlinien für Säuglings- und Kleinkinderheime ausgearbeitet hat.

Die Eltern aufklären

Eine ganz wesentliche Bedeutung wird in allen Veröffentlichungen der Aufklärung und der Beratung der Eltern beigemessen. Den Eltern muß bewußt gemacht werden, welches Risiko sie für ihr Kind eingehen; daß die Frage heißen kann, ob sie ein gesundes und fröhliches oder ein in seinen seelischen und geistigen Grundlagen gestörtes, später einmal „schwer erziehbares" Sorgenkind aufziehen wollen. Daß diese Frage in der Tat weitgehend in ihre Entscheidung und in ihre Verantwortung gestellt ist, müssen die Eltern *begreifen lernen!* Viele Eltern sind ja noch immer der Meinung, der kleine Säugling empfinde die fremde Umgebung noch nicht. Eine solche Aufklärung muß schon von der Heimleitung oder Oberin gefordert werden gegenüber jeder einzelnen Mutter, die ihr Kind, aus welchen Gründen auch immer, im Heim „abstellt". Es muß, gerade wo das Heim die so dringend nötige Zuwendung an das einzelne Kind aus Zeitmangel oder anderen Gründen nicht leisten kann, der Mutter um so mehr eine besonders liebevolle und ausgiebige Beschäftigung mit ihrem Kind ans Herz gelegt werden für die kurze Zeit, die sie mit ihm verbringen kann, damit wenigstens, soweit möglich, der Liebesmangel im Heim ausgeglichen wird. Keinesfalls dürfte eintreten, was man leider noch beobachten kann: daß eine Mutter, wenn sie schon nur zum Wochenende ihr Kleines nach Hause holt, sich bewußt möglichst wenig mit ihm abgibt, es nicht auf den Arm nimmt, nicht mit ihm plaudert und spielt. Denn: im Heim hat ja auch niemand Zeit, sich mit ihm abzugeben, also dürfe man es auch zu Hause nicht etwa „verwöhnen". Hier ist weniger die Unwissenheit einer Mutter anzuprangern als die sträfliche Unterlassung der Aufklärung durch die Fachpersonen, die es besser wissen müßten! Viel mehr Bemühung um Zusammenarbeit mit den Eltern wird ja heute allenthalben gefordert, nicht nur bei der Kleinstkindbehandlung, sondern bei allen Schwierigkeiten in der Erziehung. „Der Besuch der gutwilligen Mutter im Heim darf nicht als lästig empfunden, er darf nicht nur geduldet, er muß erwartet werden." (Mehringer) Tatsächlich gibt es immer noch Heime, die in unverantwortlicher Verkennung der Lage den Besuch von Müttern zu unterbinden suchen.

Einen ganz breiten Raum nehmen bei dem ganzen Fragenkomplex soziale Probleme der verschiedensten Bereiche ein. Darüber wird an anderer Stelle ausführlich zu sprechen sein.

3. Adoptionsrecht – wider das Kindesrecht

Die Untersuchungen über das Deprivations-Syndrom der Säuglinge leiten unmittelbar zu dem anderen ganz wesentlichen und bereits viel diskutierten Aspekt des Kindesrechtes hin, dem Adoptionsrecht Die hier angeführten Fachleute und zahllose andere weisen seit langem auf die oft unmenschlichen Auswirkungen der bestehenden gesetzlichen Regelungen hin, die bisweilen den elementarsten Bedürfnissen des Kindes zuwiderlaufen.

Nach den deprimierenden Untersuchungsergebnissen in den Heimen muß man feststellen, daß das Recht des Kindes auf „Erziehung zur leiblichen, seelischen und gesellschaftlichen Tüchtigkeit" nicht durch Heimerziehung gewährleistet werden kann (Pechstein). Vielmehr ist an Ersatzfamilien zu denken, wo die eigenen Eltern fehlen oder versagen. Dabei kommt natürlich der Adoption eine besondere Bedeutung zu. Je früher die Adoption vorgenommen wird – nach Möglichkeit noch im Säuglingsalter – um so sicherer löst sie das zukünftige Schicksal des Kindes. Das beweisen viele Untersuchungen.

Die Chancen der Adoption für das elternlose Kind sind aber in das Bewußtsein der Öffentlichkeit noch nicht genügend eingedrungen. Vieles ist immer noch geprägt von der Vorstellung, daß nur die blutmäßigen Bande eine echte Eltern-Kind-Beziehung begründen können. Diese Vorstellungen liegen auch dem „natürlichen Elternrecht" zugrunde, das von einer Vielzahl heute gültiger gesetzlicher Bestimmungen abgesichert wird. In vielen juristischen Festlegungen kommt die Überschätzung der ungewissen Erbfaktoren zum Schaden des Kindes zum Ausdruck. Auch in offiziellen Maßnahmen wirkt sich bisweilen der Vererbungs-Irrtum schwer aus; so werden zum Beispiel in manchen Bundesländern die Kinder von Prostituierten überhaupt nicht zur Adoption vermittelt.

Ein einklagbares Recht hat bisher nur die Mutter auf ihr leibliches Kind, so wenig sie sich auch von Geburt an darum gekümmert haben mag. Sie darf es von einer Pflegemutter wegholen, auf welche das Kind erwiesenermaßen durch Mutter-Kind-Bindung geprägt ist. Das Kind selbst wird bei Auseinandersetzungen auch noch als Besitz und wie ein Gegenstand ohne eigenen Rechtswert behandelt.

Gutachten – ein typischer Fall

Sehr deutlich wird die heutige Situation an einem Gutachten, das der Psychologe Prof. Wolfgang Metzger (Münster) in einem klassischen Fall der Wegnahme eines Pflegekindes erstellt hat. Wir geben es hier auszugsweise wieder:

Der Fall: die neunzehnjährige Mutter gibt ein drei Monate altes Kind in einem total verschmutzten und unterernährten Zustand in einem Kinderheim „auf einige Tage“ ab. Sie verschwindet und kümmert sich jahrelang nicht um das Kind. Dies wird vom Jugendamt als ideales Adoptivkind, um das „sich niemand kümmere“, einem kinderlosen Ehepaar in Pflege und zur späteren Adoption übergeben. Dort findet es seine Heimat. Nachdem die Mutter und der mit ihr zusammenlebende Kindesvater nach umfangreichen Ermittlungen am Rande einer Großstadt ausfindig gemacht und sie inzwischen drei weitere Kinder geboren hat, erklärt sie, daß sie das Pflegekind „später“ zu sich nehmen wolle und verweigert die Einwilligung zur Adoption. Nach siebeneinhalb Jahren sieht das Kind zum erstenmal die leibliche Mutter bei einer Gegenüberstellung im Amt. Es klammert sich an „Mama“ und „Papa“, voller Angst, daß die fremde Frau es wegholen würde. Vom Landesgericht und Oberlandesgericht bekommt die Mutter, die nicht das Geringste an Mutterpflichten für ihr Kind erfüllt hat, das Aufenthaltsbestimmungsrecht mit der vollen elterlichen Gewalt.

Nach gesicherten Erkenntnissen der Sozial- und Entwicklungspsychologie kann man bei einem Kind ein normales körperliches, geistiges und seelisches Gedeihen nur dann erwarten, wenn es von der

Mitte des ersten Lebensjahres an in der Geborgenheit und der dauernden persönlichen Verbundenheit bzw. seelischen Verwurzelung in *einem und demselben* erwachsenen Menschen aufwachsen kann. Man kann da nicht als Jurist sagen: das Kind irrt sich eben, und es muß seinen Irrtum berichtigen. Angesichts der geschilderten psychologischen Grundlage des faktischen Mutter-Kind-Verhältnisses ist die „Berichtigung“ dieses „Irrtums“ gleichbedeutend mit der Entziehung seiner Lebensgrundlagen. Die ihm bisher unbekannten leiblichen Eltern sind für das Kind, das von Anfang an mit seinen Pflegeeltern verwachsen ist, psychologisch-faktisch ohne jede Einschränkung fremde Menschen, nicht weniger fremd als alle anderen fremden Menschen auch.

Dieses Erleben gegenüber den ihm vertrauten und den ihm fremden Menschen ist in dem Kind so tief verwurzelt, daß durch keinen Gerichtsbeschluß, durch keine Forderung der leiblichen Eltern, ja nicht einmal durch deren bestrickendste Liebenswürdigkeit etwas daran geändert werden kann.

Jede willkürliche Trennung von denjenigen Menschen, die in seinem Erleben Vater und Mutter sind, ist daher ein Eingriff, durch den jedes normale Kind zunächst völlig erschüttert, verstört, verängstigt, verwirrt und aus dem Gleichgewicht gebracht wird. Schlafstörungen, Angstträume und allgemeine Nervosität am Tage sind typisch für diesen Zustand.

Die Mutter – eine Fremde

Dieser Zustand der Verwirrung und Verängstigung tritt aus leicht nachfühlbaren Gründen bereits in dem Augenblick ein, wo die Fremden auftauchen und dem Kind der Endzweck ihres Besuches bekannt wird, d.h. wenn (wie Rechtsanwalt G. erklärt) überhaupt noch nichts passiert ist, außer daß die Mutter ihr Kind sehen wollte. Das ist eine Tatsache, die sich auch dadurch nicht verändert, daß ein zwar juristisch, aber nicht psychologisch ausgebildeter Erwachsener sie leugnet.

Von viel größerem Gewicht sind aber die dauernden Auswirkungen des vollzogenen Eingriffs. Die Wahrscheinlichkeit ist außerordentlich hoch, daß das Kind dadurch völlig aus der Bahn seiner bisherigen normalen und erfreulichen Entwicklung geworfen wird. Welcher Art die zu erwartenden Entwicklungsstörungen sein werden, läßt sich nicht allgemein voraussagen. Fest steht jedoch, daß sie bis zum völligen Absacken in Apathie, Antriebslosigkeit, Arbeitsunfähigkeit, Haltlosigkeit und Verwahrlosung gehen können. Die vollzogene Verpflanzung ist ein Trauma, das irreversible, das heißt lebenslängliche Folgen hinterläßt, im Vergleich mit denen die Folgen auch schwerer körperlicher Mißhandlung und Verletzung vielfach ein Kinderspiel sind.

Die von den Gerichten vorausgesetzte Theorie der allmählichen Gewöhnung an die neuen Familienverhältnisse hat keine psychologischen Grundlagen, und zwar aus einfachen gruppenpsychologischen Gründen: kein Kind – und übrigens auch kein Erwachsener – kann sich daran gewöhnen, Menschen zu lieben, von denen es weiß, daß sie die größte Katastrophe seines Lebens veranlaßt haben. Selbst wenn die neue häusliche Umgebung und die Verhaltensweisen der neuen Pflegepersonen ungefähr dieselben wären wie die der früheren und wenn diese sich zugleich dem Kind gegenüber zunächst der größten Liebenswürdigkeit befleißigten, so würde das nicht die von den Gerichten erwartete Wirkung haben: das Kind würde sich als Außenseiter empfinden und sich auch beim besten Willen nicht anders als verschlossen und abweisend verhalten *können*. Die Fremden würden – wenn sie weniger primitiv wären als im vorliegenden Fall – vielleicht zunächst versuchen, dieses Verhalten zu verstehen und zu dulden. Aber allmählich würde sich in ihnen ein wachsender Ärger anstauen. Sie würden das Verhalten des Kindes immer mehr als unbotmäßig und ungezogen empfinden. Sie würden zu Schelten und Strafen übergehen. Das Kind würde dies aber nicht als „Erziehungsversuche“ verstehen, sondern nur als sich häufende Beweise, daß es sich tatsächlich unter Feinden befindet. Damit beginnt sich ein Teufelskreis zu drehen, der nur in immer tieferes Unheil führen kann.

In der gerichtlichen Erörterung des vorliegenden Falles tritt ferner das Argument auf: die leibliche Mutter habe ein gutes Verhältnis zu ihren anderen Kindern, die sie seit der Geburt selbst betreut. Sie liebe sie und bemühe sich, ihnen „eine ordentliche Mutter zu sein“.

Aus diesen (einmal als richtig und genügend gesichert unterstellten) Tatsachen dürfe man folgern, daß sie sich zu dem neu aufgenommenen ältesten Kind ebenso verhalten würde. Auch diese Erwartung entbehrt jeder wissenschaftlichen Grundlage. Es sind zahlreiche Fälle bekannt, wo gebildete und wohlmeinende Erwachsene, ohne es zu wollen und ohne sich darüber klar zu werden, einem Außenseiter unter ihren Kindern (zum Beispiel einem vorehelichen oder einem Stiefkind) das Leben verbitterten, wenn nicht zur Hölle machten, während sie für die anderen die liebevollsten Eltern waren. (In dem folgenden Abschnitt über Kindesmißhandlungen wird diese Tatsache deutlich genug dargestellt.)
Das Gesagte wird ergänzt durch einen Versuch, der vor einer Reihe von Jahren in Frankreich an einer Gruppe von unehelichen Müttern angestellt worden ist. Man stellte den Müttern zur Wahl, entweder das Kind sofort abzugeben, oder eine ihnen angebotene Heimarbeit anzunehmen, um das Kind in den ersten zwei Lebensjahren selbst betreuen zu können und nach deren Ablauf sich über die Weggabe des Kindes schlüssig zu werden. Die Mütter, die sich für das zweite Verfahren entschlossen und das Kind zwei Jahre lang selbst betreut hatten, entschieden sich nach Ablauf dieser zwei Jahre ohne Ausnahme dafür, das Kind auch weiterhin bei sich zu behalten.

Einmal entschieden – nicht rückgängig zu machen

Die Entscheidung darüber, ob eine Mutter mit ihrem Kind zusammenleben will oder nicht, muß bereits während des ersten Lebensjahres des Kindes fallen. Wenn sie sich zum ersten entschließt, so schließt das die Verpflichtung ein, vor Beendigung des ersten Lebensjahres die Pflege des Kindes selbst zu übernehmen. Entschließt sie sich zum zweiten, d. h., sich von dem Kind zu trennen, so gibt es aus entwicklungspsychologischen Gründen keine Möglichkeit, diesen Entschluß in späteren Jahren rückgängig zu machen, ohne in unmenschlicher, für das ganze Leben verhängnisvoller Weise gegen das Wohl des Kindes zu verstoßen. Die Mutter stellt also durch die Abgabe des Kindes über das erste Lebensjahr hinaus einen Zustand

her, dessen Folgen sie nicht dem Kind aufbürden kann, sondern, wenn das Grundgesetz Gültigkeit behalten soll, selbst zu tragen hat. Nach dem gegenwärtigen Stand der Entwicklungspsychologie gereicht jeder Gerichtsbeschluß, der eine Adoption durch langjährige Pflegeeltern verhindert und daher zwangsläufig die Auslieferung des Pflegekindes an seine leiblichen Eltern veranlaßt – nicht etwa seine „Rückführung“, wie es vielfach fälschlich ausgedrückt wird – dem Kinde zu unverhältnismäßigem Nachteil und widerspricht daher geltendem Recht (und zwar § 1747 Abs. 3 BGB, vom OLG Hamm am 29.6.1970, S.6, Abs. b, Zeile 2f angeführt).
Dieser Nachteil ist für das ganze Leben des Kindes so verhängnisvoll, daß es aus der Natur der Sache ausgeschlossen ist, irgendwelche Interessen der leiblichen Eltern dagegen aufzurechnen. Zu behaupten, man habe „das Kindeswohl als das entscheidende Kriterium herausgestellt“, aber im nächsten Satz sich einer Judikatur und Literatur zustimmend anzuschließen, nach welcher „die Aufnahme des Kindes in seiner natürlichen Familie den Vorrang hat vor dem möglicherweise eigenen Interesse, am bisherigen Unterbringungsort zu verbleiben (Rechtsanwalt G., 9.10.70) ist eine eindeutige Verhöhnung, nicht nur des Kindes und der Menschen, die sich bisher allein um sein Wohl gekümmert haben, sondern auch der Schöpfer des Grundgesetzes.
Es handelt sich bei dem Wunsch des Kindes, dort zu bleiben, wo es ist, nicht um ein „Interesse“, auf das es beim Vorliegen wichtigerer Interessen auch verzichten kann, sondern um eine *unverzichtbare Lebensnotwendigkeit.* Sie dem Interesse anderer, und seien es seine leiblichen Eltern, zu opfern, ist daher eine ausgesprochene Unmenschlichkeit gegenüber dem Kind, vor der es nach Absicht der Schöpfer unserer Verfassung Anspruch hat, von allen Organen des Staates, auch von seinen Gerichten, geschützt zu werden.“ Soweit das Gutachten.

Weitere Beispiele

Die Zeitschrift „Unsere Jugend“, der die vorstehenden Ausführungen entnommen sind, bringt in der gleichen Nummer noch einige krasse Fälle, von denen es in der Bundesrepublik wohl eine ganze Anzahl gibt, ohne daß sie zur Kenntnis der Öffentlichkeit gelangen. Eine Fürsorgerin schreibt zum Beispiel: „Es ist himmelschreiend, wie hier die Justiz die biologische Mutterschaft wieder überbewertet. Ich vermittle seit 25 Jahren Kinder in Adoptionen. In meiner Praxis habe ich erlebt, daß ein dreijähriges Mädchen auch zurück mußte zu Eltern, die das Kind vorher ganz schwer mißhandelt haben. Es war ein Skandal!" Oder: „Ein Ehepaar in Hainstadt/Baden nahm 1962 einen siebenjährigen Jungen auf mit dem Ziel, ihn zu adoptieren. Er war als Vollwaise in etlichen Pflegestellen, zuletzt ein Jahr in einem Heim gewesen. Er entwickelte sich aus einem völlig verschüchterten zu einem normalen Kind und war gerade in die Sexta aufgenommen, als der Vormund (eine Tante) auf Herausgabe klagte. Obwohl den Pflegeeltern das positive Ergebnis ihrer Fürsorge bescheinigt wurde, erzwang der Vormund mit Hilfe der Polizei die Herausgabe – um den Buben in dasselbe Heim zu bringen, aus dem die Pflegeeltern ihn geholt hatten. Die Pflegeeltern durften ihm nicht schreiben, nichts schicken und erst recht keinen Besuch machen. Unter Androhung von Strafe hatte ihnen der Junge bei zufälligen Begegnungen aus dem Weg zu gehen... Und trotzdem stand er ein halbes Jahr später vor der Haustür, vom Heim durchgebrannt. Er wurde in der gleichen Nacht von einem Pater wieder abgeholt. Überflüssig, die Szene zu schildern!"

Schutz für das Pflegekind fehlt

Aus dem Gesagten wird deutlich, wie notwendig ein gesetzlicher Schutz auch für Pflegemutter und Pflegekind ist, den bisher keines der Familiengesetze vorsieht. Nach der Adoption ist die Pflege in einer Familie der beste Ersatz für das eigene Elternhaus. Auch das Pflegekind hat das Recht auf eine mütterliche Betreuungsperson. Zahllose richterliche Fehlurteile liegen auch für reine Pflegefälle vor, die nach dem Willen der Mutter das Kind zu einem jahrelangen oder lebenslangen Heimschicksal verdammen, etwa weil die Mutter es *„vielleicht* später einmal zu sich nehmen will". Der nebulöse Wunsch der Mutter ist maßgebend, die kindlichen Bedürfnisse blei-

ben außer Betracht. Dagegen hat eine Pflegemutter, „die einem Heimkind durch die Kraft ihrer Liebe aus einem Entwicklungsrückstand herausgeholfen hat, für dieses Kind so wertvolles geleistet, daß ihr daraus ein bleibendes Recht auf die Weiterbetreuung des Kindes erwachsen muß“ (Hassenstein).
Darum wird verlangt, in das künftige Adoptionsrecht auch eine Bestimmung aufzunehmen, wonach die Pflegeeltern nach einem gewissen Zeitraum das Recht auf die Weiterbetreuung des Kindes erwerben. In diesen Rahmen gehört auch eine fühlbare Aufbesserung des Pflegestellenwesens. Das bedeutet zunächst die Anerkennung der Pflege eines Kindes als berufliche Tätigkeit mit entsprechender Entlohnung. Das würde sicherlich die Bereitschaft mancher mütterlich veranlagten Frau, anstelle außerhäuslicher Arbeit ein Kind in Pflege zu nehmen, verstärken und dem Mangel an geeigneten Pflegestellen abhelfen.

Verbessertes Adoptionsrecht immer noch ungenügend

Nun wurde im August 1973 der am meisten beanstandete § 1747 BGB im Vorgriff auf die künftige Neufassung des Adoptionsrechtes zwar gemildert. Ohne Einwilligung der Mutter konnte grundsätzlich eine Adoption nicht vorgenommen werden, auch wenn diese sich um das Kind nie kümmerte oder unauffindbar war. In solchen Fällen kann jetzt das Jugendamt die mütterliche Einwilligung ersetzen, nach einer Belehrung der Mutter und anschließender Bedenkfrist für sie von drei Monaten. Diese Erleichterung wird aber schon wieder erheblich eingeschränkt durch die Beibehaltung des Passus, das die Ersatzeinwilligung durch das Jugendamt nur erteilt werden kann, wenn „das Unterbleiben der Annahme an Kindes Statt dem Kind zu unverhältnismäßigem Nachteil gereichen würde“. Jedem Heimkind – und es handelt sich hier fast ausschließlich um Kinder in Säuglingsheimen – gereicht jedes Unterbleiben der Annahme an Kindes Statt, ja schon jeder Aufschub, zu unverhältnismäßigem Nachteil. Diese Einschränkung ist nicht nur überflüssig, man muß bei Betrachtung der bisherigen Rechtsprechung auch unterstellen, daß wiederum das Wohl des Kindes geopfert

wird. Den Optimismus des Gesetzgebers, daß die Rechtsprechung sich die in neuerer Zeit gewonnenen Erkenntnisse über frühkindliche Entwicklungsschäden vor allem in Heimen mit Massenpflege zu eigen machen werde, kann man angesichts der bisherigen Erfahrungen nur als Utopie werten.
„Diese Regelung des § 1747 a findet sich fast unverändert in dem ersten Referentenentwurf des Justizministeriums zur großen Adoptionsreform. Bliebe das so, dann hätte auch die große Reform ihren Auftrag, ein soziales Adoptionsrecht zu verwirklichen, das neben gesellschaftlichen und staatlichen Belangen vor allem dem Wohle des Kindes dient, verfehlt. Von einer großen Reform dürfte dann gewiß nicht mehr gesprochen werden." (Schnabel)

Neuere Fehlentscheidungen

Wie weit die Rechtsprechung diese neueren Erkenntnisse berücksichtigt, oder vielmehr nicht berücksichtigt, geht aus Gerichtsentscheidungen der letzten Zeit hervor, die von Rechtsanwalt Hans Heinz Heldmann auf einer Tagung für Kindesrecht zitiert wurden. Derartige Urteile werden weiterhin gefällt, obwohl seit 1971 Diskussionen für ein reformiertes Familienrecht im Gange sind, die endlich das Wohl des Kindes ausreichend sichern sollen. Und zwar „weil der wohl überwiegende Teil der amtierenden Juristen den Blick in benachbarte Sozialwissenschaften scheut, wenn nicht verabscheut".
So hat „das OLG Frankfurt für rechtens erklärt, daß die geschiedene Mutter des fünfjährigen Hans-Jürgen, der bei seinem sorgeberechtigten Vater und dessen Eltern lebte, das Kind in der Morgenfrühe durch den Gerichtsvollzieher in Begleitung zweier Polizisten aus dem Bett holen ließ, um ihr sogenanntes Verkehrsrecht an dem Kind auszuüben... Notfalls sei der Widerstand des Kindes auch mit physischer Gewalt zu brechen. Der Hinweis des Vaters, er erziehe seinen Sohn ohne jede Gewalt, ziehe nicht". In einem anderen Fall entschied das OLG Karlsruhe „die schuldig geschiedene Mutter der vierjährigen Claudia habe das Kind endgültig an den Vater herauszugeben, der seit 3½ Jahren von Kind und Frau ge-

trennt gelebt hatte; ebenfalls mit dem Hinweis, notfalls unter Anwendung von Gewalt, und mit der Begründung: ‚wenn schon ein Elternteil sein Elternrecht entbehren muß, soll es derjenige sein, der an der Trennung schuld ist'. Und das trotz eines Gutachtens der Universitätskinderklinik Freiburg, wonach ‚die Trennung von der entscheidenden Bezugsperson mit Sicherheit eine schwere seelische Belastung für das betroffene Kind darstellt und mit gesetzmäßiger Zwangsläufigkeit zu ... psychischen Fehlentwicklungen führt'."

Auch Pechstein spricht von einem „Informations-Notstand", denn „sowohl im Bereich der Jugendbehörden als auch der Vormundschaftsgerichte sind einige wichtige Grundtatsachen der kindlichen Entwicklung nicht hinreichend bekannt". Er meint damit auch wieder die Abhängigkeit von der Bezugsperson und die allgemeine Unterschätzung der ersten drei Lebensjahre.
Man erwartet ohnehin von einer Änderung des Adoptionsrechtes allein nur einen geringen Nutzen. Eine Gleichrangigkeit von Kindesrecht und Elternrecht kann überhaupt nur durch eine Ergänzung des Grundgesetzes gewährleistet sein.

Die Adoptionsvermittlung verbessern

Auch für die Adoptionsvermittlung und den gesamten Arbeitsbereich verlangen die Experten einschneidende Verbesserungen. So wird die Bildung von Adoptions-Kommissionen verlangt. Diesen Kommissionen sollten nach einem Vorschlag von Pechstein neben dem Sozialarbeiter auch ein Kinderpsychologe und ein Kinderarzt angehören. Diese Kommissionen sollten nicht nur über die Adoptionsvermittlung entscheiden. Darüber hinaus könnten ihnen wichtige, bislang nur ungenügend wahrgenommene Aufgaben der Jugendfürsorge zugeordnet werden. So könnte man ihnen eine Heimaufsicht mit halbjährigem Besuch in den Säuglings- und Kleinkinderheimen übertragen, wo sie die Entwicklungsförderung beobachten und Rat und Hilfe erteilen können. Dies sollte Hand in Hand mit einer verbindlichen Auflage an die Jugendämter erfolgen, längstens nach einem dreimonatigem Aufenthalt eines Kindes im Säuglingsheim die Frage seines voraussichtlichen weiteren Schicksals aufzurollen. Weiter könnten diese Kommissionen auch die bisher ungelöste Aufgabe der fortlaufenden Beratung der Adoptiveltern übernehmen. Diese sind ja kaum darauf vorbereitet, unter Umständen zunächst als Therapeuten tätig werden zu müssen, und es ergeben sich eine Reihe von Fragen, die durch die jetzigen amtlichen Stellen nicht ausreichend beantwortet werden können. Die Konzentration des Adoptionswesens auf einige Stellen mit den einschlägigen Erfahrungen wird von verschiedenen Seiten als notwendig angesehen. Kleineren Jugendämtern sollte die Bearbeitung von Adoptionsangelegenheiten nicht länger überlassen sein.

4. Mütter und Kinder ohne Chancengleichheit

Eine weitere besonders benachteiligte Gruppe in unserer Gesellschaft sind die Kinder aus den sogenannten Halbfamilien, die mit der Mutter oder mit dem Vater leben. Nach der Statistik waren 1969 537000 Kinder unter 15 Jahren allein bei der Mutter und 45000 beim Vater. Über Kinder, die beim Vater aufwachsen, hört man in der Öffentlichkeit nichts. Es gibt auch kaum Untersuchungen über diese besondere Problematik. In der mütterlichen Halbfamilie sind vor allem die nicht ehelich geborenen Kinder und ihre Mütter weitgehend noch Außenseiter ohne Chancengleichheit.

Das nichteheliche Kind – Stiefkind der Gesellschaft

Nach dem Grundgesetz sind für die nichtehelichen Kinder „die gleichen Bedingungen für ihre leibliche und seelische Entwicklung und ihre Stellung in der Gesellschaft zu schaffen, wie den ehelichen Kindern". Von einer solchen Gleichstellung sind wir indessen noch weit entfernt. „Die Lage dieser Frauen", so stellt der Verband Alleinstehender Mütter fest, „ist seit Jahren nahezu unverändert schlecht, und es zeigen sich trotz aller Vorschläge und Resolutionen keine Anzeichen einer Besserung... Ihre wirtschaftliche Lage ist schlecht: die Statistik zeigt, daß sie im Durchschnitt *das niedrigste Einkommen* unter der arbeitenden Bevölkerung haben. Demgegenüber sind die Hilfen, die ihnen Staat und Gesellschaft bisher zukommen ließen, gering und unzulänglich. Es gibt noch kein Konzept sozialer Hilfen für jene Frauen, die beide Aufgaben zugleich erfüllen müssen. Wie unmittelbar gefährdet viele dieser Frauen und vor allem ihre Kinder sind, zeigt wiederum die Statistik: es sterben mehr unverheiratete als verheiratete Mütter im Wochenbett, mehr uneheliche Kinder kommen tot zur Welt, uneheliche Mütter haben doppelt so viele Fehlgeburten, und doppelt so viele nichteheliche als eheliche Säuglinge sterben im ersten Lebensjahr". Als Hauptursache dafür wird in erster Linie der „Sozialstreß" angesehen, d. h. die gesellschaftlichen Belastungen, denen die alleinstehende Mutter noch immer ausgesetzt ist, vor allem die rechtlichen Diskriminierungen. Und zwar trägt die Handhabung der „Amtspflegschaft" wesentlich dazu bei.

Heute ist an die Stelle der moralischen Abwertung der unverheirateten Mutter vielfach die Vorstellung einer „gestörten Persönlichkeit" getreten. Infolge dieser Einordnung sieht man in ihr „das Objekt einer besonderen Fürsorge und leitet daraus weniger die Pflicht ab, ihr eine umfassende und wirksame praktische Hilfe zu geben, sondern das Recht, sie und ihr Kind zu bevormunden, und das auch gegen ihren ausdrücklichen Willen. ... Wie kann man Vorurteilslosigkeit erwarten, wenn auf allen Gebieten des staatlichen Lebens, in der Gesetzgebung, in der Verwaltung und nicht zuletzt in der Rechtsprechung Vorurteile praktiziert werden?" (Loccumer Protokolle) Amerikanische Untersuchungen haben auch festgestellt, daß volle Berufstätigkeit bis kurz vor und bald nach der Geburt die Sterblichkeitsrate von Mutter und Kind erhöht.

Ein ganz wesentlicher Punkt ist und bleibt die wirtschaftliche Lage. „Die Hälfte der (arbeitenden) Frauen verdient monatlich unter 600 DM netto, Spitzenverdienerinnen mit 1200 DM und mehr stellten 4%... Untergeordnet tätig, dürftig bezahlt, nach dem subjektiven Gefühl gehetzt und gejagt, mit schlechtem Gewissen gegenüber den Kindern im Beruf tätig – warum arbeiten die Frauen überhaupt? 42% deshalb, weil sie – ledig, verwitwet, geschieden – ihren Unterhalt verdienen müssen." (Bericht der Südd. Ztg. über eine Tagung „Frauen und Beruf" in Hamburg vom 20. 9. 72)

Etwa 10000 neugeborene Kinder werden nach den Untersuchungen von Pechstein alljährlich zu längerem Aufenthalt in die Heime eingewiesen; etwa 75% von ihnen sind unehelich geboren. Die Mütter sind meistens zur Hergabe ihres Kindes aus finanziellen Gründen und *wegen fehlender angemessener Wohnungen* gezwungen. Durch die Trennung tritt bereits eine Entfremdung zwischen Mutter und Kind ein, die später nicht mehr gut zu machen ist. Es sind die Grundlagen zu schaffen, die es allen erziehungswilligen Müttern ermöglichen, ihr Kind bei sich zu behalten und gerade in den wichtigsten ersten Jahren selbst zu betreuen. Die ledigen Mütter sind dabei immer noch das größte Problem.

Das Recht der Mutter auf ihr eigenes Kind

Das ist die andere Seite des Adoptionsrechts: Beim Recht auf Adoption für das Kind kann es sich immer nur um das nicht angenommene, das vergessene und verlassene Kind handeln. Davor steht das Recht jeder Mutter auf Erziehung ihres eigenen Kindes. Viele junge Mütter sehen sich wider ihr eigenes Gefühl und wider ihren Wunsch gezwungen, ihr Kind einer fremden Familie zu überantworten und sich für immer von ihm zu trennen.

In erster Linie brauchen diese Halbfamilien Wohnraum. Die Errichtung entsprechender Wohnungen wäre wiederum viel billiger als der Bau und die Unterhaltung von Säuglingsheimen. Diesen Halbfamilien wäre mit Kleinwohnungen – für die sozial schwächer Gestellten – und mit normalen Sozialwohnungen gedient. Mutter- und Kindheime sind laut Verband alleinstehender Mütter nur für junge und unselbständige Frauen gefragt. Vor allem aber gilt das „Service-Haus" als die ideale Wohnform, das im besonderen auf die Bedürfnisse der berufstätigen Mutter zugeschnitten wäre, mit angeschlossener Kindertagesstätte, eventueller Betreuung im Krankheitsfall und bei Abwesenheit der Mutter. „Obwohl auch alleinstehende Mütter das Recht auf Mietbeihilfe nach dem Wohngeldgesetz haben, geht man immer noch davon aus, daß angesichts ihres niedrigen Einkommens sie mit Kleinstwohnungen zufriedengestellt werden könnten. So werden zum Beispiel zur Zeit in Hamburg anstelle alter Baracken moderne Wohnbauten für Mütter mit folgenden Größen gebaut: eine Mutter mit einem Kind bekommt *ein* Zimmer mit 14 qm, eine Mutter mit zwei Kindern ein Zimmer von 16 qm. (Loccumer Protokolle)

Auch in folgender Hinsicht ist eine berufstätige Mutter der Vollfamilie gegenüber benachteiligt: muß sie ihr Kind in größerer Entfernung, vielleicht bei Verwandten, in Pflege geben, so erhält sie keinerlei Trennungsentschädigung für die Mehraufwendungen, doppelte Unterbringung, Fahrtkosten. „Dem Kind, das existentiell der Mutter bedarf (um nicht mit dem Bedürfnis der Mutter zu argumentieren, das ebenso berechtigt ist), wird durch keine Gesetzesklausel bei materiellen Aufwendungen eine Hilfe zuteil."

Maßnahmen ohne Kosten

Detaillierte Vorschläge macht Bernhard Hassenstein, Vorschläge, die „ohne Gesetzesänderungen und ohne zusätzliche Kosten resp. mit geringen Mehrkosten" zur Gewährleistung der Mutter-Kind-Bindung zu realisieren wären. *Gerade für das nichteheliche Kind* bedeutet diese Bindung zur mütterlichen Betreuerin die *unerläßliche Grundlage für eine spätere Chancengleichheit:*

1. Ein Teil des Geldes, der für Heimaufenthalt gezahlt wird, z. B. 400 DM, soll künftig der ledigen Mutter, die ihr Kind selbst betreuen möchte, ausbezahlt werden, statt daß es an Institutionen gezahlt wird. Ebensowenig wie die Heime das Geld zurückzahlen müssen, soll die Mutter dieses Geld zurückzuzahlen haben. Dieser staatliche Zuschuß zum Lebensunterhalt ermöglicht es der Mutter, eine Halbtagsarbeit anzunehmen. Der Verdienst aus der Halbtagsarbeit soll der Mutter unabhängig vom staatlichen Zuschuß erhalten bleiben.
2. Die Alimente sollen künftig in der Lohnsteuerkarte eingetragen und direkt vom Lohn des Vaters abgebucht und auf das Konto der Mutter überwiesen werden. Damit ist die Regelmäßigkeit des Geldeingangs gesichert und der Vater kann sich nicht böswillig seiner Zahlungspflicht entziehen.
3. Kinderzuschlag für Angestellte und Beamte des öffentlichen Dienstes muß unmittelbar an die betreuende Mutter überwiesen werden. Bei der jetzigen Regelung erleichtert es dem Vater die Alimentezahlung, da der Vater dieses Geld nicht zusätzlich zu den Alimenten abführen muß. Einem zahlungswilligen Vater bleiben nicht nur die Alimente, sondern auch das staatliche Geld. Wenn künftig

die Mutter den Kinderzuschlag erhält, würde er dem Kinde zugute kommen. Falls Kindergeld gezahlt werden muß, ist auch dieses direkt auf das Konto der Mutter zu überweisen.

Diese Maßnahmen würden sich auf verschiedenen Gebieten günstig auswirken:

1. Die Mutter kann mit zusätzlicher Halbtagsarbeit den Unterhalt für sich und ihr Kind bestreiten und ihr Kind selbst versorgen.
2. Ebenso wichtig sind die psychologischen Folgen für Mutter und Kind. Eine feste Mutter-Kind-Bindung kann sich bilden, die die eigentliche Grundlage für die Chancengleichheit ist; *denn nur psychisch gesunde Kinder sind voll bildungsfähig,* wie aus den Arbeiten vieler Kinderärzte hervorgeht. Diese Maßnahme ist *ohne zusätzliche Kosten* durchzuführen und *ohne ein neues Gesetz* und wäre *von allergrößter sozialer Bedeutung.*
3. Und eine weitere Folgerung ergibt sich für den Bürger und den Staat: durch die Verbesserung der Chancengleichheit für einen besonders hilfsbedürftigen Teil der Bevölkerung wird diesen Kindern Lebenstüchtigkeit und Lebenserfolg ermöglicht; vorbeugende Maßnahmen reduzieren die Kriminalität; die Kosten für die Betreuung von Lernbehinderten, Verhaltensgestörten, Fürsorgeerziehung werden geringer.

Warum Halbtagsarbeit der ledigen Mutter?

Hassenstein gibt zu diesen Fragen eine eigene Erklärung: Bedeutung für die Mutter, sie behält Selbstvertrauen und berufliche Fähigkeiten durch Verbleiben im Arbeitsprozeß; sie behält Selbstachtung, weil sie zur Erhaltung ihrer Familie beiträgt und nicht zur Fürsorgeempfängerin wird. Sie hat Gelegenheit zu außerfamiliären menschlichen Kontakten. Ein Teil ihrer Arbeitskraft kommt der Wirtschaft zugute, der andere Teil bleibt frei für ihr Kind.
Die weittragende Bedeutung, die diese Regelung gegenüber der Ganztagsarbeit der Mutter für das Kind hat, liegt klar genug auf der Hand. Überhaupt muß sich der ahnungslose „Normalbürger“

angesichts so einleuchtender Vorschläge, wie sie hier gemacht werden, fragen, warum das meiste davon nicht längst in die Tat umgesetzt wurde, warum nicht Ministerien und andere Behörden solche Gedanken von sich aus erwägen?
Sinnvolle Regelungen werden sogar von den Behörden oft noch blockiert. Aus dem Brief einer Mutter: „Der Vater meines Kindes bezahlt immer pünktlich am 1. jeden Monats. Ich muß aber immer an das Jugendamt schreiben oder dort anrufen... Am 31.7.71 hat der Vater gezahlt. Jetzt haben wir den 18. September und die Unterhaltsbeiträge für August und September sind immer noch nicht eingegangen. Warum behält das Jugendamt diese Gelder ein?..." (Loccumer Protok.)

An die Gewerkschaften

Hassenstein ruft auch die Gewerkschaften zur Mitarbeit auf: Endlich gleicher Lohn für Männer und Frauen; Aufforderung an Baugesellschaften – wie Neue Heimat – pro Wohnblock eine bestimmte Zahl von 1½-Zimmerwohnungen an ledige Mütter zu vermieten; Zuschuß an Betriebskindergärten um pädagogisches Spielzeug zu beschaffen; Schaffung von Ferienplätzen für Mutter und Kind.
Man möchte dem noch weitere Forderungen an die Gewerkschaften hinzufügen, vor allem auch, sich für einen besseren gesundheitlichen Schutz für Mutter und Kind einzusetzen. Es sei hier nur ein Beispiel erwähnt. Immer noch wird Verkäuferinnen – die ohnehin zu der am schlechtesten bezahlten Berufsgruppe gehören – zugemutet, während des Dienstes lange Stunden hintereinander zu stehen; selbst Hochschwangere haben oft keine Möglichkeit sich vorübergehend zu setzen, was heute geradezu als anachronistisch erscheint. Kein Wunder, daß bei diesem und ähnlichen Berufen die Risiken für Mutter und Kind besonders groß sind.

5. Ist das Kindererziehung?

Vielleicht haben auch Sie schon einmal eine ähnliche Episode miterlebt:

Ein Sommertag am See. Neben mir ein junges Ehepaar mit Großmutter und etwa 6jährigem Bübchen. Alle gehen ins Wasser. Der Vater hält das Kind immerfort fest an der Hand. Er plantscht mit ihm, er läßt es auf und ab springen. Der Kleine jauchzt vergnügt. Aber ich habe ein ungutes Gefühl... Richtig! Der Vater taucht das Kind tüchtig unter. Prustend und heulend schlägt der Junge auf den Vater ein. Aber Mutter und Großmutter schreien: „Ein Taucher! Er wird schon ein Taucher!" Alle verlassen schon wieder das Wasser, Mutter und Großmutter voran, danach der Vater, das schreiende, heftig protestierende Kind hinter sich herzerrend. Er ruft: „Nicht, Mutti, er soll doch raus?" „Natürlich soll er raus." Nicht eine einzige Minute durfte das unglückliche Kind nach eigenem Wunsch spielen und plantschen.

Eine andere Szene. Ein Vierjähriger an der Hand seines Vaters. Das Kind dreht sich im Gehen um und schaut auf meinen auffallenden Hund. Dabei stolpert er über den Fuß des Vaters. Der gibt dem Kind eine gehörige Ohrfeige. Tief gekränkt – da es nicht das geringste Schuldgefühl haben kann – brüllt das Kind laut los. „Bist du sofort still, sonst gibt's noch eine!"

Oder auch die strickende Großmutter auf dem Spielplatz. „Nicht da raufklettern, da fällst du runter. Nicht das anfassen, da wirst du schmutzig. Nicht weitergehen, nicht, nicht, nicht..."

Ist das alles positive Kindererziehung? Grobe Ungerechtigkeit, sinnlose Strafe, dauerndes Gängeln. Was soll aus so einem Kind werden? Wie kann es je Eigeninitiative, Selbstbewußtsein, Selbstsicherheit oder auch nur die einfachsten körperlichen Sicherheiten erlangen? Viele Eltern wissen nicht, daß ein Kind, das immerzu kommandiert wird, Unfallgefahren am meisten ausgesetzt ist, weil ihm die altersgerechte eigene Erfahrung vorenthalten wird. Und ganz bestimmt wird der Bub niemals ein Taucher werden, weil die Eltern ihm die Freude daran früh gründlich verdarben. Ein Gefühl von Geborgenheit und Vertrauen zu den Eltern kann er kaum entwickeln. Und wie wird er sich der Kommandeusen-Mutter gegenüber verhalten, wenn er einmal 16 Jahre alt sein wird? Wird er sich im Berufsleben behaupten und durchsetzen können?

Was unvernünftige mütterliche Fürsorge – wenn auch im Extremfall – erreicht, zeigt der Fall Peter K.
„Die Mutter kümmerte sich in übertriebener Ängstlichkeit um die Gesundheit des Kindes und verhinderte dadurch expansive Bedürfnisse und soziale Kontakte bei ihrem Kind. Allen Ratschlägen und Erziehungshinweisen gegenüber verhielt sie sich uneinsichtig. In den Kindergarten durfte Peter nicht; in der Schule wurde er zum Prügelknaben, da ihm Techniken altersgemäßer Konfliktbewältigung und Durchsetzungsfähigkeit fehlten. Die Mutter versuchte auch später noch, alle Gefahren (nach ihrer Meinung Kriminalität und Homosexualität) von ihrem Kind fernzuhalten. Die anfängliche Sorge wuchs zu einem umfassenden Machtanspruch aus... Eigene zaghafte Versuche, sich gegen die Gebote der Mutter durchzusetzen, beantwortete sie mit einer Kombination von Strafen: Stockschlägen, Wegnahme des liebsten Spielzeugs, Ins-Bett-Schicken oder durch Androhung einer Heimeinweisung... In den sechs Volksschulklassen saß sie bei den Schulaufgaben ständig neben ihm... Mit dieser Unterdrückungsstrategie konnte die Mutter durchsetzen, daß sich auch der inzwischen 18jährige noch ohne großen Widerstand den Besitzansprüchen der Mutter unterwarf. Peter leidet heute unter schwersten Kontaktstörungen, er fühlt sich in einer Gemeinschaft wie ein Fremdkörper, er hat noch nie einen Freund gehabt... Er leidet unter Ängsten und Depressionen, unter unkontrollierten Wutausbrüchen, schweren Einschlafstörungen,

Appetitmangel. Denkhemmungen und Masturbationszwang. ...Peter ist kein Einzelfall."
Der Fall ist aber insofern einzigartig, als Peter auf seinen eigenen Antrag beim Vormundschaftsgericht erreichte, daß seiner Mutter das Sorgerecht entzogen und dem Jugendamt übertragen wurde. Dadurch wurde der Weg frei zu einer psychiatrischen Behandlung und zur freien Berufswahl. (Horst Petri)

Umweltschäden auch in der Familie

Nicht nur Kinder aus Slums und Barackensiedlungen, sondern auch aus gehobenem Milieu können in eine kriminelle Laufbahn geraten. Ebenso können solche „normalen" Familienkinder alle Anzeichen der Deprivation aufweisen, wenn auch die Hauptsorge auf diesem Gebiet die Heimkinder betrifft. Das gilt für Familienkinder dann, wenn sie ebenfalls den entsprechenden Erziehungsfehlern unterworfen sind. Man hört auch aus der Praxis der Erziehungsberatung von Kindern mit auffallenden Entwicklungsrückständen, weil Eltern aus mißverstandenen „Vernunftgründen" ihr Kind bewußt allein lassen, allein im Stubenwagen, allein im Zimmer, weil das Kind angeblich Ruhe braucht. Wer sein Kind kennt, weiß, mit welchem Interesse bereits das Baby vom Stubenwagen aus seine Umgebung beobachtet und Anregungen aufnimmt.
Zu dem Mangel an elterlichem Instinkt oder elterlicher Liebe kommen oft auch noch „aufklärende" Bücher hinzu, die die Eltern falsch beraten, die veraltet sind oder unbrauchbare Methoden angeben. Eine der häufigsten – und in ihrer Konsequenz gefährlichen – Anweisungen ist, Kinder sollen mit zwei Jahren „sauber sein". Das Kind kann unter günstigen Umständen, muß aber nicht sauber sein. Auf gar keinen Fall darf es gezwungen oder damit gequält werden. Damit wird die Gewöhnung nur erschwert. Der gedankenlose Hinweis ist selbst in Schulbüchern (für Mädchen-Mittelschulen) verbreitet. Gedankenlos und gefährlich deswegen, weil es leicht zur Überforderung des Kindes, bei ungeduldigen Müttern oft zu Mißhandlungen führt. „Unsauberkeit" ist einer der wesentlichen Gründe, die bei schwerer mütterlicher Mißhandlung – bisweilen mit To-

desfolge – angegeben werden. Mahnungen zu Abwarten und Geduld wäre bei diesen Ratschlägen wahrlich besser am Platz.

Voraussetzung aller Erziehung

Sehr einleuchtende und bei aller Kürze umfassende grundlegende Verhaltensanweisungen für Eltern gibt zum Beispiel Wolfgang Metzger in seinem Bändchen „Probleme der vorschulischen Erziehung aus psychologischer Sicht“. Und Marie Meierhofer bietet in einem empfehlenswerten Buch „Frühe Prägung der Persönlichkeit“ Hilfen für einzelne Erziehungsphasen und -situationen. Metzger geht von dem Gedanken aus, ehe überhaupt an ein Erziehen gedacht werden kann, muß die „Erziehbarkeit“ hergestellt sein. Erziehbarkeit heißt nichts anderes als die natürlichen Grundlagen des jungen Menschen sich entfalten zu lassen. Das klingt selbstverständlich und ist es doch nicht. Durch falsche Behandlung eben, durch Unterlassung, durch zu viel Bevormundung stören wir diese natürlichen Grundlagen der Erziehbarkeit. Das Familienleben muß zunächst dem Kind das Urvertrauen vermitteln, das bei zunehmender Reife und Urteilsfähigkeit in das „kritische Vertrauen“ übergeht. „Kein Vollkommenheitstheater!“ Sicher gibt es kaum einen törichteren Fehler der Eltern – und kaum ein gleich sicheres Mittel zur Untergrabung der eigenen Autorität – als das Festhalten am Unfehlbarkeitsprinzip. Das gleiche gilt auch für den Lehrer in der Schule. Richtig ist es, schon frühzeitig dem Kind zu erklären, daß auch die Eltern keineswegs allwissend sind, und daß auch der Erwachsene gegen Irrtümer nicht gefeit ist. Was natürlich keineswegs heißt, die Fragen des Kindes mit einem törichten, aber bequemen „das verstehst du ja doch nicht“ abzuspeisen. Die Kinder begreifen oft sehr viel mehr als der Erwachsene erwartet.
Metzger billigt übrigens den Kindern sehr bewußt die Maßnahmen der „altüberlieferten Baby-Behandlung“ zu, die „von den Kindern hochgeschätzt sind, denen gegenüber aber die Eltern im Bereich der westlichen Zivilisation großenteils die Gefühlssicherheit verloren haben“, das Wiegenlied, das Einschlaf-Schaukeln – bewegungsbedürftige Kinder schaukeln sich selbst ein – und auch das

Daumenlutschen, das nach ärztlicher Ansicht normalerweise keinen Schaden zur Folge hat; auch das möglichst mollige Stofftierchen gehört dazu.

Vereinsamt – seelisch mißhandelt

Im allgemeinen führen die Erziehungsmethoden in Intellektuellenfamilien zu anderen Formen der Fehlerziehung als in Arbeiterfamilien. Während wir hier vielfach Verwahrlosung durch Vernachlässigung finden, sind in wohlhabenden Familien die Kinder „alleingelassen und vereinsamt“, weil die Mutter andere Interessen hat als Kindererziehung. In diesen Familien steht auch eher die seelische Mißhandlung im Vordergrund, wie in diesen Kreisen überhaupt oft übertriebene Leistungs-Erwartungen an das Kind gestellt werden, die es seinen Fähigkeiten nach nicht erfüllen kann. Meistens ist es der ehrgeizige Vater, der, „kaum daß sein Sohn zur Welt gekommen ist, schon genau weiß, was aus ihm werden soll, und dies – man möchte beinahe sagen: über seine Leiche – durchzusetzen versucht“. (Metzger) Niemals aber kann man einem jungen Menschen eine Entwicklung und Leistung gegen seine Natur aufzwingen. Nur wer ein sicheres Gefühl für die Möglichkeiten hat, die in ihm schlummern, wird durch einfühlsame Erziehungshilfe die größtmögliche Persönlichkeitsentfaltung seines Kindes erreichen.
Scharf kritisiert der Pädagoge Anton Neuhäusler die „peinliche Verwechslung von Erziehungsberechtigung und Erziehungsbefähigung. Die Unwissenheit nicht nur *was*, sondern *wie* ein Kind ist, welche Gesetze und Stadien seiner Entwicklung es gibt, welche Gefahren auf Fehl- und Mangelerziehung lauern, wodurch Kinder schon von den Eltern ‚verdorben‘ werden – diese von Generation zu Generation verschleppte Unwissenheit ist noch heute so selbstverständlich geduldet, so unverständlich totgeschwiegen, daß man erschrecken müßte über solches Steinzeitgebahren“.

Dringend wird vor jeder Trennung auch des Kleinkindes von den Eltern gewarnt. Manchmal muten Eltern ihren Kindern Wochen und Monate der Trennung zu, nicht selten auf Anraten eines ebenso ahnungslosen Arztes, der dem Kind eine Kur verordnet. Blasser und anfälliger als zuvor kommt es vielleicht zurück. Ärzte sind aufgefordert, ein Kleinkind nicht ohne äußerste Not in ein Krankenhaus einzuweisen. Die Erkenntnis, daß ein sensibles Kleinkind durch Krankenhausaufenthalt bei Fernhalten der Mutter lang nachwirkende Störungen davontragen kann, bricht sich auch nur sehr langsam Bahn. Einleuchtenderweise ist die Trennungsempfindlichkeit beim kranken Kind besonders groß, sein Bedürfnis nach der tröstenden Nähe des vertrauten Menschen ist stärker als sonst.

Eltern sind aber auch aufgefordert, auf einen längeren Urlaub ohne das Kind zu verzichten, solange dieses noch klein ist. Kommen sie nach Hause, so finden sie an dem zurückgelassenen Kind „allerlei Auffälligkeiten, wie Stottern oder sonst unbekannte Unarten, die man ihm dann mit den üblichen Mitteln auszutreiben" versucht, ohne zu ahnen, daß es Trennungsschäden sind, die man nur dadurch heilen kann, daß man dem Kind die Angst vor weiteren Trennungen nimmt (Metzger).

Es hat auch negative Wirkungen, ein kleines Kind zu früh in Gemeinschaftserziehung zu geben, das heißt in den Kindergarten. „Zu früh", das ist vor dem Abklingen des Fragealters. Wenn niemand Zeit hat, auf die Fragen des Kindes einzugehen, bleibt sein Bedürfnis, die Welt fragend zu erobern, unbefriedigt. Es hört zu fragen auf, seine Sprachentwicklung verlangsamt sich und verarmt. Noch verhängnisvoller sind die Folgen, wenn die Phase versäumt wird, wo das Kind auf das Zusammenleben und die Einordnung in die Gruppe geprägt wird, was Aufgabe der Familie als ursprünglicher Gruppe bleibt. Diese Prägung erfolgt viel früher, als sie nach außen in Erscheinung tritt. Das Alter unter vier Jahren ist also häufig zu früh für den Kindergarten. In einzelnen Fällen kann eine Trennungsangst sogar bis zum Alter von zehn Jahren festgestellt werden.

Nicht autoritär – nicht antiautoritär

Diese Themenstellung steht heute sehr wesentlich im Vordergrund der pädagogischen Auseinandersetzung. Wie bei allen Extremen ist das eine ebenso falsch wie das andere. Die Vorstellung von der Autorität der Eltern und dem Gehorsam des Kindes, die Erziehung nach dem „Artigkeitsideal“ ist immer noch weit verbreitet. Aber ein folgsames Kind wird im späteren Leben nicht die nötige Initiative und Ausdauer entwickeln und Aufgaben nicht selbständig lösen können. Nur ein sicherer, selbstbewußter Mensch besteht im Leben.

Aber ebenso wird „das Fehlen aller Grenzen und jeden Haltes“ von Psychologen und Pädagogen abgelehnt. Die Lage eines kleinen Kindes, das „ständig tun soll, was es will“, ist im Grunde verzweifelt, da ihm ohne äußere Anregung nichts einfällt. Beide Methoden führen zu Fehlentwicklungen; im ersten Fall zeigt sich als Folge Neigung zu destruktiven Ausbrüchen bei geringfügiger Behinderung noch im späteren Leben, der zweite zeitigt Apathie oder Unfug.

Richtig ist möglichste Handlungs- und Selbsterprobungsfreiheit innerhalb möglichst weit gesteckter, aber fester Grenzen. Auch sollte nach Möglichkeit auf Befehle verzichtet, dafür die Form der Anregung angewendet werden. Dadurch wird die Ausbildung von Selbständigkeit und freiwilliger Einordnung erreicht. (Metzger) Das Grenzensetzen ist die Hauptkunst der praktischen Erziehung.

Im übrigen – das muß man heute extra sagen – braucht das Kind die elterliche Autorität, als Beispiel, als Vorbild, als Halt. Hier liegt der größte Irrtum der „antiautoritären“ Erziehungsvorstellung. Ohne die erlebte Autorität der Eltern kann sich das heranwachsende Kind ebenso wenig orientieren, seine Verhaltensweise fürs Leben nicht erlernen, wie sich der Säugling nicht ohne die Zuwendung des Erwachsenen entwickeln kann.

Nicht Strafe, sondern das Gespräch

Die heutige Pädagogik lehnt die Strafe als Erziehungsmittel allgemein ab. Metzger spricht von der „Holzhackerpsychologie der Urväterpädagogik", in der „Lohn und Strafe, früher mehr das letztere, heute mehr das erste", die Grunderziehungsmittel sind. Nicht nur die körperliche Strafe, sondern überhaupt Strafe im überlieferten Sinn, wie „Liebesentzug" oder das Kind ohne Abendessen ins Bett schicken, sind nach der jetzigen Auffassung keine sinnvollen Erziehungsmethoden. Strafe ist eine „sachfremde, körperliche oder seelische Mißhandlung, die in keinem notwendigen oder sinnvollen Zusammenhang mit dem Vergehen steht". Im gleichen Sinne wird auch die Belohnung oder auch Drohung und Versprechungen angesehen. „Gier nach Belohnung oder Angst vor Strafe machen nicht intelligent, sondern lehren die Kinder allenfalls, sich nach der Decke zu strecken, statt nachzudenken und eigene Wege zu suchen." (Flitner)

Angebracht ist die partnerschaftliche Besprechung über die voraussichtlichen Folgen der einzelnen Verhaltensweisen, die das Kind vor die eigene Wahl stellt und die eigene Verantwortung weckt. Natürlich muß man dem Kleinkind strikt verbieten, den elektrischen Herd anzuschalten oder auf die Fahrbahn zu laufen. Aber auch im frühen Alter ist eine Erklärung dafür, warum man etwas nicht tun darf, durchaus am Platz. Das Kind wird dann den Sinn eines Verbotes oder einer Anordnung um so eher begreifen, und es wird williger folgen. Echter Gehorsam erwächst nicht aus Angst vor Strafe, sondern aus dem Vertrauen des Kindes in die bessere Einsicht der Eltern.

Ebenso verhält es sich mit der Autorität. Eine Autorität, die gegründet ist auf eine Machtposition und blinden Gehorsam, hat keinerlei Raum mehr in der Vorstellungswelt der heutigen Jugend. Autorität muß erworben werden, sie entspringt aus der beispielhaften Persönlichkeit des Erziehers, aus seinem Verhalten, welches das Vertrauen des jungen Menschen in seine größere Erfahrung, seine bessere Urteilsfähigkeit und nicht zuletzt seine charakterliche Verläßlichkeit rechtfertigt. Niemals werden Eltern den Respekt ihres – älter und kritischer werdenden – Kindes erlangen, wenn sie ihm etwas verbieten, was sie selbst tun, etwa das Kind für Lügen bestrafen, aber selbst bei jeder Gelegenheit die Unwahrheit sagen.

In der Bundesrepublik ist es noch in besonderem Maße üblich, den jungen Menschen als Geschöpf zweiter Klasse zu behandeln und ihn seine Unterlegenheit auch fühlen zu lassen. Der Wunsch nach „Umkehrung dieser Unterlegenheit in Überlegenheit wird schließlich zum Grundthema seines ganzen Lebens werden“, also zu einem übersteigerten Geltungsbedürfnis führen. Diesem Verhalten unserer Gesellschaft kann man nur dadurch entgegentreten, sagt Wolfgang Metzger, daß „besonders *in unseren Familien ein völlig neues Klima hergestellt wird*“. Dabei ist vor allem wichtig, daß das Kind in jeder Hinsicht gleich geachtet und als gleichwertig und gleichberechtigt behandelt wird. Dem Kind ist nicht nur in jedem Alter möglichst viel eigene Entscheidung zuzubilligen. Es hat auch das gleiche Recht auf Wahrung seiner Würde wie ein Erwachsener. „Sie wird verletzt durch jede Art von Demütigung, vor allem durch Mißhandlung (‚Züchtigung‘) und deren Androhung, aber auch durch ... jede Art von Bloßstellung. Und niemandem darf es gestattet sein, sich über seine Schwächen und Unvollkommenheiten lustig zu machen. Übrigens wird die Würde eines Kindes auch dort verletzt, wo man es als Anziehpuppe mißbraucht ... Das Kind hat auch Anspruch darauf, ebenso ernst genommen zu werden wie der Erwachsene. Es hat Anspruch auf Höflichkeit, Rücksicht und Takt, ... auf Wahrung seiner Geheimnisse und auf die Achtung seines Eigentums, auch wenn dieses in den Augen des Erwachsenen ‚wertlos‘ ist. Es sind seine Wertmaßstäbe, nicht die der Erwachsenen, die hier zugrunde gelegt werden müssen.“

6. Aufwertung des Mutterberufes

> Die Leistung der Mutter als Erzieherin, besonders für das frühe Kindesalter, überragt an gesellschaftlicher Bedeutung alle denkbaren sonstigen Leistungen der Frau im Berufsleben oder in irgend einer öffentlichen Betätigung.
>
> Marie Dambroska (CSSR)

In München wurde zu einer Frauendemonstration aufgerufen, in der noch das „Loskommen von der Sklaverei der Hausfrauenarbeit und der Kindererziehung" als Ziel die Rede war. Diesen Frauen war offensichtlich nicht klar, wie weit sie hinter der Entwicklung zurückgeblieben sind. In der Sowjetunion erlebte ich in den zwanziger Jahren die Bemühungen um die „sozialistische" Frauenemanzipation mit ziemlich den gleichen Worten. Man wollte die Frau aus eben dieser „Sklaverei" befreien, man wollte die ins lächerliche gezogene „kleinbürgerliche" Familie gründlich zerstören. Zur Scheidung brauchte nur ein Ehepartner eine entsprechende Erklärung vor dem Amt abzugeben. Abtreibung wurde propagiert, eigene Kliniken standen zur Verfügung. Man zeigte mir stolz ein Säuglingsheim in Moskau, das zwar in uraltem historischem Gemäuer untergebracht, von europäischer Sauberkeit und weißer Hygiene – damals noch etwas Ungewöhnliches in Rußland – aber glänzte. Brachte eine Frau trotz aller „Befreiung" ein Kind zur Welt, so sollte sie es im Heim abgeben können, um sich nicht weiter mit der Mutterschaft zu belasten. Längst wird in allen Ländern des Ostblocks die Familie wieder gepflegt „als die harmonische Gruppe, in der die Mitglieder Entspannung und Intimität finden, in der das Kind seine ersten Lebenserfahrungen sammelt, und in der allein es seine Persönlichkeit wirklich entfalten kann." Die Verfassungen garantieren die gleichen Rechte für Mann, Frau und Kind. Die Eltern sind aufgefordert, alle Mühe auf sich zu nehmen, um sich die für eine gute Erziehung notwendigen Kenntnisse anzueignen. Dabei sollen beide Ehepartner sich gemeinsam und in gleichem Ausmaß sowohl an der Kindererziehung wie an der Hausarbeit beteiligen; auch die Kinder sollen nach Maßgabe ihres Alters helfen. Die „früher übliche väterliche Autorität in der Familie wurde ersetzt durch

ein humanes und demokratisches Familienverhältnis. Erst durch diese Gestaltung der Partnerschaft wird der Frau wirklich die Möglichkeit geboten, ihre beruflichen und sozialen Funktionen mit ihren mütterlichen Pflichten abzustimmen". (International Child Welfare Review)
Und im Familiengesetzbuch der DDR wird ausdrücklich gefordert, die Persönlichkeit des Ehepartners „zu respektieren und ihn bei der Entwicklung seiner Fähigkeiten zu unterstützen". „Im BGB steht keine Wort von Liebe", sagt Prof. Rudolf Neubert, „dort werden rechtliche Grundsätze festgelegt, wirtschaftliche Fragen beantwortet, es geht um Güter, Geld und Besitz." Das gilt auch da, wo das Wohl des Kindes angesprochen ist. Das Familiengesetz der DDR spricht im Zusammenhang mit der selbstverständlichen und fürs Leben geschlossenen Ehe von „Liebe und Achtung".
Jedenfalls ist die Formel von der „Befreiung der Frau" von ihren biologischen Naturgegebenheiten ebenso unsinnig wie die entgegengesetzte Forderung „zurück an den Herd". Einen Weg zwischen den Extremen zu finden, ist offensichtlich unserer Generation aufgegeben. Unterstützt von den „Trend-Anbetern" in unserer Gesellschaft, so etwa Metzger, und immer mehr begünstigt durch die Öffentlichkeit, wurde der Mutterberuf zusehends abgewertet. Zweifellos beruhte das am Anfang nur auf Ahnungslosigkeit, glitt aber, seitdem die Bedingungen des kindlichen Gedeihens genauer bekannt sind, mehr und mehr in Gewissenlosigkeit ab. „Eine Frau muß sich heute in unserer Öffentlichkeit entschuldigen, als sei sie kein ganz vollständiger, kein ganz normaler Mensch, wenn sie, nach ihrem Beruf gefragt, gestehen muß, sie hüte nur ihre Kinder."
Wollen wir einigen „modernen" Fernsehstreifen glauben, dann ist für die Frau heute der Beruf lebensbestimmend. Ehe ist geduldet, Kind läuft nebenher. Es sucht sich seine Bezugsperson selbst im Wohnkollektiv. Und ein größeres Mädchen, das noch mit Puppen spielt, dessen Mutter noch Hausfrauentugenden schätzt, ist eine dumme Pute von gestern. Im Gegensatz dazu die Schulbücher: da ist die berufstätige Frau noch unbekannt. Mutter und Töchterchen sind „Heimchen am Herd", der Vater geht „hinaus ins feindliche Leben", die Mutter kauft Lebensmittel für die Familie, der Vater Auto und Grundstück.

Die Wirklichkeit verlangt allerdings etwas konkretere Überlegungen. Die Leute, die die Vernachlässigung unserer Kinder und die Folgen ständig vor Augen haben – und das sind in erster Linie die Kinderärzte – sind durchwegs einer Ansicht: der Mutterberuf muß wieder zu seinem normalen, naturgegebenen Ansehen kommen. Nur so können die zunehmenden Deprivationsschäden eher vermieden werden.

Hausfrauen-Krankheit

Die Wissenschaft hat soeben neu eine „Berufs"-Krankheit entdeckt, „Hausfrauen-Syndrom". In Holland ist am Institut für Sozialmedizin und Allgemeinmedizin der Universität Nijmwegen eine Forschungsarbeit angelaufen, die 1000 Hausfrauen daraufhin untersuchen will. So viel steht jetzt schon fest: es handelt sich bei den Beschwerden der Hausfrauen wirklich um eine ernste Gesundheitsstörung. Sie leiden relativ oft unter seelischen Störungen wie Niedergeschlagenheit, Unruhe und Erregtheit, Irritierbarkeit, Schlaflosigkeit und Erschöpfung. Dazu kommen vermehrt auch körperliche Beschwerden. Die Ursache liegt nach Ansicht der niederländischen Ärzte in der geradezu schizophrenen Lage der Hausfrauen: sie spüren, daß sie eine schwere, verantwortungsvolle Tätigkeit ausüben; viele wissen auch, daß der Beruf der Hausfrau zu ihnen am besten paßt. Andererseits leiden sie unter dem Druck der vielen Pflichten und der Tatsache, kein Gehalt zu bekommen und wenig soziales Ansehen zu genießen. „Manche Hausfrau macht sich Vorwürfe, weil sie nicht dem Ruf der Emanzipation gefolgt ist und keine Karriere außerhalb des Haushaltes gemacht hat". (Bayr. Rundfunk, „Das Notizbuch")
Aus diesen Feststellungen geht aber auch hervor, daß der Schrei nach dem Erwerbsberuf für die Frau auch eine Modefrage ist, daß auch der Druck der öffentlichen Meinung schuld ist an dieser Art von Hausfrauen-Neurose, die bei der großbürgerlichen Frau, die keine wesentlichen Aufgaben hatte, schon immer bestanden hat. Die Forderung nach der Aufwertung des Mutterberufes gewinnt also auch von dieser Sicht her an Gewicht.

Und sagen wir es doch deutlich: Kinder sind doch nicht nur ein Balken am Bein, wie die „fortschrittlichen" Emanzipatoren beiderlei Geschlechts uns weißmachen wollen – eine Ansicht, die heute offiziell gilt, weswegen man die „Lasten" der geplagten Eltern auf alle Schultern verteilen möchte. Kinder können auch – je nach Auffassung – das beglückendste Erlebnis sein, das die Natur uns gegeben hat.

Grundlegend ist in diesem Zusammenhang die unverzichtbare Bezugsperson für das ganz kleine Kind. (Das Recht einer Mutter auf Erziehung ihres Kindes wird ja ohnehin zu wenig anerkannt.) Das wird natürlicherweise die eigene Mutter sein. Selbstverständlich können auch andere Angehörige, der Vater oder eine Pflegemutter diese Bezugsperson ersetzen. „Die gängige Unterschätzung der innerhäuslichen Mutterarbeit", sagt Pechstein, „die Überschätzung des Wertes der außerhäuslichen Berufsarbeit und der meist unreflektierte Wunsch vieler junger Mütter, schon möglichst bald nach der Entbindung wieder in den Beruf zurückzukehren, beruhen zu einem großen Teil auf einer fehlenden oder mangelhaften Information über diese Gegebenheiten." Junge Eltern – wie überhaupt die Öffentlichkeit – wissen kaum etwas über die Gefahren der Massenpflege. „Die Mütter haben von der grundlegenden Funktion ihres Zeitaufwandes für das Kind praktisch nie etwas gehört, sie schätzen ihn im Grunde gering ein gegenüber einer Arbeitszeit im Beruf. Sie wissen nicht, daß sie mit vier bis fünf Stunden, die sie in der Familie mit dem Säugling zusammen sind und scheinbar unfruchtbare Dinge tun – wenn sie das Kind auf den Arm nehmen, mit ihm spielen, sprechen, scherzen..., mit ihm ausfahren und ihm die Umwelt erschließen –, daß dieser Zeitaufwand für die ganze weitere Entwicklung des Kindes eine nicht mehr meßbare, wichtige Aufgabe erfüllt."

Eltern schon in der Schule vorbereiten

Neuhäusler, Pechstein und andere Experten halten es für dringend nötig, eine Vorbereitung für den zukünftigen Elternberuf bereits in den Lehrplan der Schulen aufzunehmen. Eine Gruppe von Leh-

rern an Münchner Schulen unternimmt bereits praktische Versuche in dieser Richtung. Der Deutsche Kinderschutzbund gibt seit drei Jahren entsprechende Empfehlungen an die Kultusministerien. Diese „Erziehung zum Erzieher" wird wohl eines Tages fester Bestandteil des Unterrichts an allen Schulen werden – nicht nur für die Mädchen! Die väterliche Einstellung zur Erziehung ist natürlich ebenso wichtig für das gesunde Aufwachsen des Kindes.
Pechstein verlangt den Verzicht auf außerhäusliche Berufsarbeit der Mutter in den ersten vier Lebensjahren des Kindes. Nicht so sehr die Geburt des Kindes als die „soziale Mutterfunktion" in den ersten Jahren muß groß geschrieben werden. Selbstverständlich darf das Recht der jungen Mädchen auf Berufsausbildung dadurch nicht beeinträchtigt werden. Aufgabe der Gesellschaft ist es denn auch, diesen Müttern späterhin die Wiedereingliederung in den Beruf zu ermöglichen, durch Bereitstellung eines entsprechenden Arbeitsplatzes, auch von Halbtagsarbeit und Gelegenheit zur Fortbildung.

Erweiterung des Mutterschutzes

Nottut vor allem eine erhebliche Verbesserung des Schutzes für Mutter und Kind. Nur dadurch „wird letztlich in großem Maßstab die Anstaltsdeprivation der Kinder erwerbstätiger Mütter vermeidbar werden", sagt Pechstein. Nach seinen Untersuchungen sind von den Kindern in den Heimen 75% oder noch mehr unehelich geboren, während in den Krippen die ehelich geborenen Kinder überwiegen, die hier ebenfalls den Deprivations-Schäden ausgesetzt sind. Die Mütter sind viel zu früh nach der Geburt zur Wiederaufnahme ihrer Arbeit gezwungen. Der achtwöchige Mutterschutz-Urlaub ist mindestens auf ein Jahr zu verlängern. Vor allen Dingen würde ein angemessenes Müttergeld diesen Zwang zur Erwerbsarbeit erheblich einschränken. Verschiedene Vorschläge wollen die Zahlung von Müttergeld mit der Auflage verknüpfen, daß die Mutter (oder auch der Vater) in dieser Zeit die Erwerbstätigkeit auch tatsächlich aufgibt.
Nicht bekannt und darum auch ganz und gar nicht gewürdigt in der Öffentlichkeit ist die Tatsache, daß ein Müttergeld von 500 DM

monatlich *den Steuerzahler sehr viel weniger kosten würde* als jede Heimunterbringung. Die Eltern werden zwar ihrem Einkommen entsprechend zu einem finanziellen Beitrag herangezogen, was aber meistens nur geringfügig sein kann und kaum ins Gewicht fällt.

Müttergeld ist eine Bildungsinvestition

sagt Pechstein. Seine Gewährung müsse auf jeden Fall „als sinnvoller angesehen werden als der Unterhalt teurer Massenpflege-Einrichtungen, die späterhin überwiegend geschädigte Kinder entlassen". In München beliefen sich die öffentlichen Zuschüsse für Krippen bereits vor Jahren auf ca. 100,– DM pro Monat und Kind, nicht gerechnet die Einrichtungskosten, die für den jährlichen Bau von 50 neuen Krippenplätzen ca. eine Million Mark betrugen. Ein Platz im Heim kostet in Bayern zwischen 900,– und 1800,– DM monatlich für jedes Kind. Heimunterbringung ist also nicht nur die schlechteste und schädlichste, es ist auch die teuerste Lösung.
Diese Erkenntnis ist aber ebenso wie die seit Jahren unermüdlich vorgebrachte Forderung nach Auflösung oder anders gearteter Verwendung der Heime gerade zu den maßgebenden Stellen oft nicht vorgedrungen. So verlangt das Diakonische Werk der Evangelischen Kirche in Württemberg 1000 neue Heimplätze und veranschlagt allein für die Errichtung ohne Folgelasten „mindestens 80 Millionen DM", d.h. 80000 DM pro Platz, „ohne zu prüfen, ob nicht dieser Betrag besser dazu verwandt werden kann, durch gezielte sozialpolitische Maßnahmen die Zahl der Heimkinder zu verringern". (Loccumer Protokolle.)
Ohne alle finanzielle Belastung könnte in der Tat anstatt Errichtung immer neuer Heime ein Müttergeld zunächst mindestens an jene jungen Mütter gezahlt werden – schätzungsweise 50000 – deren Kinder jährlich von irgend einer Art Massenpflege unmittelbar bedroht sind. Tatsächlich erbringt ja jede Mutter mit dem Verzicht auf außerhäusliche Berufsarbeit „jene gesellschaftlich hochbedeutsame Leistung der sozialen und intellektuellen ‚Grund-Begabung' (für ihr Kind)... Diese Leistung hat als eine umfassende frühe Bildungsinvestition zu gelten". Die Zahlung eines Müttergeldes „darf

deshalb keinesfalls unter dem Aspekt einer neuen Sozialleistung gesehen werden. Sie entspräche vielmehr einem Honorar für eine Tätigkeit, die wir noch nicht genügend zu würdigen, geschweige denn mit Zahlen zu bewerten gelernt haben“ (Pechstein).

7. Kindesmißhandlung

Ein sehr ernstes und besonders beklagenswertes Problem ist die Kindesmißhandlung, die Leben und Entwicklung des Kindes ebenfalls auf das Schwerste beeinträchtigt. Auf keinem anderen Gebiet der kindlichen Notlage sind die Meinungen so wenig fundiert und so widersprüchlich wie auf diesem. Die Öffentlichkeit wird hin und wieder durch Zeitungs- und Sensationsmeldungen über besonders rohe Delikte aufgeschreckt. Man nimmt sie zur Kenntnis, ist vielleicht über eine fühlbare Strafe für die brutalen Eltern befriedigt und wendet sich achselzuckend wieder seiner Beschäftigung zu. Man kann eben nichts tun. Selbst Menschen, die nachdenken, meinen, etwas anderes als die Nachbarn zu größerer Aufmerksamkeit aufzurufen sei eben nicht möglich. Über eine Hilfestellung für diese Kinder oder ihr weiteres Schicksal zerbricht man sich nicht den Kopf. Diese Einstellung ist ein Irrtum. Unwissenheit und Desinteressiertheit liegen auch hier zugrunde. Ein „was geht das mich an". Und auch hier versagen oft die behördlichen Stellen, vielfach weil sie überfordert und personell unterbesetzt sind, weil es an der Organisation und an Möglichkeiten zum Eingreifen mangelt; auch hier fehlen die dringendsten finanziellen Mittel; auch hier lassen uns Gesetze und Richter im Stich. Und mehr als auf allen anderen Gebieten der Kindesnot beruhen die Mißhandlungen auf sozialen Notständen.

Ein 1968 vom Deutschen Jugendinstitut, München, herausgegebener Forschungsbericht „Beobachtungen zum Problem der Kindesmißhandlung" von Ursula Mende und Heidi Kirsch versucht, dieses Problem einer „mehr sozialpädagogischen Betrachtungsweise" zu unterziehen; bisher wurde es bei uns vorwiegend vom kriminologischen und psychiatrischen Aspekt her betrachtet.

In der Einleitung wird als „bemerkenswerte Tatsache“ verzeichnet, daß es in Deutschland – im Gegensatz vor allem zu den angelsächsischen Ländern – noch so gut wie keine Forschung auf diesem Gebiet gibt, obwohl das Problem „besondere Beachtung“ verdiene. Es müssen „praktikablere, wirkungsvollere Möglichkeiten in der Praxis“ durchdacht und institutionell gesichert werden. Es stelle sich die Frage, „wie weit das System der Jugendhilfe in seiner jetzigen Form in der Lage ist, ein so schwieriges und für die Betroffenen so schwerwiegendes Problem zu lösen“; „eine systematische Funktions- und Strukturanalyse der Jugendhilfe“ wird als notwendig erachtet. (Walter Hornstein)

Nackt ins Klosett gesperrt

Doch betrachten wir zunächst ein Beispiel:

Peter, acht Jahre alt, war wieder einmal eine Stunde zu spät aus der Schule gekommen. In der Nacht hatte er auch ins Bett gemacht, hatte das am Morgen aber geleugnet, also auch noch gelogen. Essen gab es an Streuntagen nie, dafür empfing ihn die Mutter mit dem Teppichklopfer und sperrte den Jungen, der schon an mehreren Stellen blutete, ins Klosett. Als am Abend der Stiefvater heimkam und von den „Ungezogenheiten“ erfuhr, wurde die Mißhandlung von beiden Eltern auf das brutalste fortgesetzt. Schließlich schleifte der Vater den Jungen noch ins Klo und hielt ihm den Kopf unter die Wasserspülung, „damit es ihm das Lügen austreibt“. Nackt verbrachte Peter die Nacht im Klosett und deckte sich mit seinen Kleidern zu, die dort zum Trocknen aufgehängt waren.

Urteil: je ein Jahr Freiheitsstrafe für beide Eltern.

Verteidigung der Eltern: die Mutter war im 3. Monat schwanger, an diesem Tag war sie besonders nervös und hatte Kopfschmerzen. Der Vater hatte am gleichen Tag eine beunruhigende Nachricht über seinen Gesundheitszustand nach Hause gebracht.

Und die Lebensgeschichte von Peter: unehelich geboren, die ersten Monate bei der Mutter, dann Heim, Pflegestelle, Heim. Die Mutter hatte inzwischen geheiratet und man nahm den Buben nach Hause. Grund: damit man das Heim nicht mehr bezahlen brauchte. Peter war schon im Heim Bettnässer, er war also offensichtlich schwer milieugeschädigt, als er in seine Familie kam. Die Eltern versuchten, „vernünftig mit ihm zu reden", der Stiefvater „von Mann zu Mann". Aber alles half nichts, Peter näßte nachts und sogar am Tage ein. So wandte sich der Stiefvater von ihm ab, obwohl er ihm wirklich „ein Vater hatte sein wollen". Es kam zum Streit über das Kind, der Vater begann, abends spät nach Hause zu kommen, die Ehe war gefährdet.
Die Mutter sollte zur Erziehungsberatung gehen, aus irgendwelchen Gründen unterblieb das aber. Zum Arzt zu gehen, sah sie keine Veranlassung, da nach Auffassung beider Eltern das Bettnässen nur Faulheit war. Ganz offensichtlich ist es auch niemandem im Heim bei der Verabschiedung des Kindes eingefallen, die Mutter auf den Deprivationsschaden aufmerksam zu machen und ihr wenigstens ein paar elementare Verhaltensregeln zu geben. Übrigens war noch ein zweijähriger ehelicher Bruder da, mit dem „sich Peter gut verstand".
Der Stiefvater hatte vor Gericht ausdrücklich angegeben, daß seine Frau ihm das *Züchtigungsrecht* übertragen habe.

Befriedigt das Urteil? Nach Schuld und Sühne vielleicht. Aber wird dadurch die Liebe zu einem unerwünschten Kind, die Einsicht in seine besonderen Probleme erhöht? Wird die Erziehungsfähigkeit der Eltern gesteigert? Wird nicht die erlittene Bestrafung den Zorn auf die hilflose Ursache noch vermehren? Zwei Fälle werden in der Studie erwähnt, die auf die letzte Frage Antwort geben, in denen jeweils zwei 3jährige Kinder mit Todesfolge mißhandelt wurden und wo die Täter, die Mutter bzw. der Stiefvater, kurz zuvor wegen Mißhandlung des Kindes verurteilt worden waren. Der Stiefvater vollendete die Tat drei Wochen, nachdem er aus dem Gefängnis zurückkam.

Der Fall Peter ist in verschiedener Beziehung typisch und aufschlußreich. Man darf hier sogar unterstellen, daß die Eltern den achtjährigen Buben wirklich mit gutem Vorsatz zu sich genommen haben, um ihm endlich Familie und Zuhause zu bieten. Die Eltern, die nichts von frühen Milieuschäden wissen, sind ebenso überfordert wie das Kind, das sich wieder (zum wievielten Mal?) in eine neue Umgebung einpassen soll. Gerade diese Art Schwierigkeiten, ein Kind, das nicht in das Normalbild der Eltern paßt, und in ganz besonderem Maße natürlich das Bettnässen, sind die immer wiederkehrenden Gründe für Mißhandlungen, auch wo es sich nicht um ursprünglichen Haß gegen das Kind handelt. Unglückliche Situation der Eltern, schlechter Gesundheitszustand, schlechte Nachrichten, das allgemeine Gefühl zu versagen, machen dann leicht das hilflose Kind zum Ventil für die Verzweiflungsausbrüche der Eltern. Diese – und ungezählte andere – Eltern wissen eben nicht, daß Lügen und Streunen Angsthandlungen sind, daß insbesondere Bettnässen auf sehr ernst zu nehmender seelischer Störung beruht. Das alles sind nicht Ungezogenheiten, die bestraft werden müssen, es sind vielmehr die *Folgen* liebloser Behandlung von Geburt an. Schroff ausgedrückt: nicht das Kind, die Eltern sind für die Fehlhandlungen des Kindes verantwortlich zu machen.

Ein anderer Fall

Eine Mutter war angeklagt, ihre zur Prozeßzeit zehnjährige Tochter Karina fortlaufend schwer mißhandelt zu haben. Frau N. haßte in dem Kind den Vater, der sie verlassen hatte. Mit böser Ironie zitierte sie den Arzt, der ihr die Schwangerschaft mit Karina bestätigte. „Sind Sie froh, das Kind lebt, hat er gesagt, als ich nach der Narkose-Untersuchung erwachte. Da war der Vater gerade eingesperrt worden!" Sie wollte das Kind von diesem Mann nicht. (§ 218!) Nun schlug sie Karina. Bei der ärztlichen Untersuchung wurden Platzwunden am Kopf festgestellt und zahlreiche Spuren von Verletzungen im Gesicht und am ganzen Körper. „Ausdruck einer starken *Überschreitung des Züchtigungsrechtes*", sagten die Ärzte. Vor dem Schlagen wurde Karina ein Tuch in den Mund gestopft, angeblich, um sie am Beißen zu hindern. Dennoch hörten die

Nachbarn sie häufig schreien, auch während der Nacht, zum Beispiel, wenn die Mutter betrunken nach Hause kam.
Frau N. verteidigt sich: „Ich habe sogar auf Holzscheiten knieen müssen, meine Mutter war furchtbar streng." Sie weint in Erinnerung an die eigene Jugend. Ging die Mutter am Abend aus, wurde Karina mit Tüchern ans Bett gefesselt. Ein Freund der Mutter, der zufällig in die Wohnung kam, hörte Karina in Atemnot röcheln. Er schnitt die Tücher durch und befreite das Kind; möglicherweise hat er ihr das Leben gerettet. Eine kleinere Schwester dagegen, die auch bei der Mutter lebte, wurde gut behandelt. Die Mutter nahm sie auf ihren Ausgängen mit, während sie Karina zu Hause einsperrte. Eine Nachbarin gab vor Gericht an, sie habe schon einige Male ihre Beobachtungen beim Jugendamt geschildert, ohne Erfolg. Die Fürsorgerin fand „alles sauber und ordentlich", auch das Kind war sauber gekleidet, so sah sie zum Eingreifen keinen Grund – typisch für häufiges Verhalten der Fürsorgerinnen.
Auch Karina war unehelich geboren; die ersten achtzehn Monate ihres Lebens verbrachte sie im Heim. Die Mutter heiratete bald nach der Geburt einen anderen Mann, viel älter als sie, einen notorischen Trinker, der inzwischen gestorben ist. In dieser Ehe wurde auch sie zur Trinkerin. Ihren erlernten Beruf als Schneiderin konnte sie aus gesundheitlichen Gründen nicht ausüben. Die Ärzte bezeichneten sie als krankheitsanfällig, nervös und labil, zur Süchtigkeit neigend.
Karina selbst verlangte am Ende der Verhandlung wieder „heim zu ihrer Mutti". Im Heim weinte sie in ihrem Bett ihrer Mutti wegen, weil „sie ihr so viel leid getan hat".

Urteil: zwei Jahre Freiheitsentzug. Auch hier ist dem Vergeltungsbedürfnis Genüge getan. Auch hier erhebt sich deutlich die Frage: Ist die Verurteilung wirklich die angemessene und wirksamste Maßnahme? Diese Mutter – zugegeben eine Rabenmutter – ist selbst eine haltlose, süchtige Frau, vom Schicksal enttäuscht, in der Kindheit selbst mißhandelt – Mißhandlungen „erben" sich fort, manchmal durch zwei bis drei Generationen, indem die Erziehungsmethoden weitergegeben werden – die nach einer zweifelhaften Ehe den Partner verlor, den erlernten Beruf nicht ausüben kann, die mit zwei Kindern in finanziellen Schwierigkeiten lebt, zur Trinkerin geworden ist. Diese Frau gehört nicht ins Gefängnis, sie braucht vielmehr unsere Hilfe, sie gehört in eine therapeutische Behandlung und vor allem in eine Trinkerheilstätte. Und der wesentlichste Punkt: dem Kind ist mit einer Bestrafung der Mutter nicht gedient; Heimerziehung ist nach Ansicht aller Fachleute auch keine gute Lösung. Und noch ein ganz wichtiges Moment, das diesen beiden Fällen gemeinsam ist: beide Mütter erwarteten zur Zeit der Verhandlung wieder ein Kind. Karinas Mutter stand gerade vor der Geburt, als sie verhaftet werden sollte. Außerdem war noch ein kleineres Schwesterchen da. In beiden Fällen muß wahrscheinlich das Neugeborene, da die Mutter im Gefängnis ist, ins Heim eingewiesen werden. Ein neuer Teufelskreis beginnt: das Kind ohne Mutter, im Heim dem Verlassenheits-Syndrom mit Entwicklungsrückstand und möglichen Schädigungen ausgesetzt, schwieriges Mutter-Kind-Verhältnis nach ein oder zwei Jahren Trennung und Entfremdung, vielleicht neue Mißhandlungen. Und wird Frau N. nach zwei Jahren Gefängnis ihr Leben besser meistern als heute, vollends zerbrochen, vorbestraft, alleinstehende Mutter ohne Beruf und Einkommen mit drei Kindern?

Forschungsergebnisse

Die Autorinnen Mende/Kirsch kommen aufgrund ihrer Untersuchungen zu dem Schluß, daß Kindesmißhandlung häufig „ein soziales Phänomen weit mehr als ein kriminologisches" ist, und daß „seine Ursachen in der ganzen Breite erzieherischer und sozialer Notstände" zu suchen sind. „Die schwierige Lebenssituation, die wir hier vielfach antreffen, wird von den Eltern nicht bewältigt."

Die Prügelstrafe

ist in der Bundesrepublik mit dem „Züchtigungsrecht der Eltern" noch ausdrücklich gesetzlich verankert. Aber wo ist immer die

Grenze zwischen erlaubter Züchtigung und Mißhandlung? Weder Ärzte noch Richter können das mit Sicherheit sagen, und manche grausame Behandlung wird vom Richter noch als normale Züchtigung angesehen, wodurch das betroffene Kind in die Gefahr noch größerer Mißhandlung kommt.

Die Kinder werden laut Untersuchung u.a. mit Kohlenschaufeln, Wäschestöcken, Peitschen, Bügeleisen, Gürteln verprügelt, mit Fußtritten traktiert, auf den Boden oder gegen die Wand geschleudert, mit unflätigen Schimpfworten belegt. Eine beliebte „Strafe" ist auch stundenlanges Einsperren im Klo, Keller oder Speicher; oder Aussperren, auf den Balkon, die „Strafe" verschärft durch ungenügende Bekleidung bei Kälte, oder auch hungern lassen; oft werden Kinder auch mit übermäßiger Hausarbeit gequält. Die Liste der „Ideen" ist unerschöpflich.

Kriminaloberrat Günther Bauer gibt in seinem „Beitrag zur Kriminologie" unter der Kapitel-Überschrift „Das Fallmaterial" fünfzehn verschiedene Stichworte für Mißhandlungsarten an, die er mit zahlreichen Beispielen belegt, unter anderen: Schlagen, Kneifen, Kratzen, Reißen an den Haaren; Treten; Werfen oder Schleudern gegen Gegenstände; Beibringen von Verbrennungen, Mißhandlung durch Hitze oder Feuer; Mißhandeln mittels kaltem Wasser oder Kälte; Würgen, Drosseln, Erstickungsversuche; Turnenlassen, Laufenlassen; Einsperren, Fesseln, Anbinden; Verrenken oder Brechen der Glieder, Einnehmen schmerzhafter Stellungen; Erbrochenes oder Kot essen lassen.

Die Gründe, die Eltern zu ihrer Entschuldigung vorbringen, lassen meist schon von vornherein auf eine Fehlentwicklung, einen Entwicklungsrückstand oder auf psychoneurotische Störungen bei den Kindern schließen. Oft sind es allerdings auch nur die normalen altersbedingten Verhaltensweisen bei den Kindern, die an die Erziehungsfähigkeit und Reife der Eltern zu hohe Anforderungen stellen.

Im einzelnen steht an erster Stelle der Gründe „Unsauberkeit", wie Einnässen und Einkoten, eine schwere Verhaltenserkrankung infolge von Mutter-Entbehrung und seelischer Vernachlässigung. Das Kind kann, vor allem während der Nacht, die Harnabgabe nicht kontrollieren. Die Eltern sehen dieses Verhalten (s. Peter) als

Unart und Faulheit an, die hinausgeprügelt werden muß. Aber auch weitere angegebene Ursachen wie Streunen, Lügen, Eßschwierigkeiten, kleine häusliche Diebereien, Weinerlichkeit sind ausnahmslos durch Erziehungsfehler *verursachte* Verhaltensstörungen. Als weiterer wesentlicher Grund für Mißhandlungen haben auch noch die Stereotypen zu gelten, die noch mehr als die vorgenannten Verhaltensweisen fast ganz auf Heimschäden zurückzuführen sind. Diese regelmäßigen Schaukelbewegungen mit Kopf, Körper oder Gliedern lassen sich auf keine Weise unterdrücken; und es ist sogar verständlich, wenn uninformierte Eltern darüber die Nerven verlieren. Hie und da kann man dann in Zeitungsberichten eine Notiz wie die folgende lesen: „Mutter tötete ihr Baby weil sie sein ständiges Kopfwackeln nicht mehr ertragen konnte." Auch das Bett vibriert ja beim Hin- und Herschlagen von Kopf und Körper hörbar mit. Zu schweren Krisen in der Familie können auch nächtliche Angstanfälle des Kindes mit lautem Schreien führen. Solche Anfälle sind die Folge strenger Verbote und Strafen, die den natürlichen Drang zur Selbständigkeit eines kleinen Kindes zu sehr einengen.

Die Hintergründe

Kindesmißhandlung ist zwar nicht an bestimmte soziale Schichten gebunden. In gehobenen Kreisen, im Einfamilienhaus, ist die Inimität der Familie aber besser gewahrt als in der Baracke, und die Feststellungen von Mißhandlungen daher noch mehr erschwert. Überdies herrscht hier – das wurde schon gesagt – eher die seelische Mißhandlung vor, die mindestens genausoviel Anlaß zur Sorge gibt, aber noch weniger faßbar und auch weniger erforscht ist. Das Untersuchungsmaterial von Mende/Kirsch stammt dagegen vorwiegend aus der unterprivilegierten Schicht. Die in dem Forschungsbericht dargelegten Hintergründe erhellen sehr gut die ursächliche Grundlage; sie werden durch Erhebungen in anderen Städten durchaus bestätigt.

Der Arbeit liegen 200 Fälle des Münchner Jugendamtes zugrunde, verhältnismäßig alltägliche Fälle, so wird betont. Von diesen 200 Familien sind 70 bis 80 Prozent finanziell sehr schwach gestellt. Die Fürsorgeberichte enthalten häufig Hinweise auf die ungenügenden Geldmittel, manche Familien müssen regelmäßig mit Geld- und Sachzuwendungen unterstützt werden. Das Mitverdienen der Frau ist in den meisten Fällen unbedingte Notwendigkeit, zum Beispiel um nur kleine, aber unbedingt nötige Anschaffungen zu ermöglichen. Dem niedrigen Einkommen entsprechend leben diese Familien in viel zu kleinen, in sanitärer Hinsicht unzureichenden Wohnungen. Sie werden, zumal sie auch sonst schon oft „sozial auffällig" sind, nicht selten von einer Wohnung in die andere abgeschoben, was schließlich den Abstieg in die Obdachlosensiedlung zur Folge hat. Aus diesen Siedlungen kommen besonders viele Anzeigen über Mißhandlungen. Eine Einzeichnung der Fälle im Stadtplan ergibt eine deutliche Häufung in bestimmten Zentren.

Die Wohnungsmisere durchzieht wie ein roter Faden alle Feststellungen und Forderungen der verschiedensten Arbeiten zu diesem Thema. Einige Beispiele: Mutter, Stiefvater und die 8jährige Tochter hausen in einem 15–16 qm großem Zimmer; Vater, Stiefmutter und zwei Kleinkinder bewohnen eine 25 qm große Wohnung, in die drei Wochen nach dem Mißhandlungsfall noch Zwillinge dazu geboren werden; eine andere Familie lebt mit 3 Kindern in einem Barackenzimmer. Auch in diesem Zusammenhang findet man Berichte in der Tagespresse: Vater schlug mit den Fäusten auf einen Säugling ein, bis das Kind tot war, weil es ihn mit seinem Geschrei beim Fernsehen störte. Auch hier ist zu verstehen, daß einem Mann die Nerven durchgehen, der von einem Arbeitstag nach Hause kommt und dann ununterbrochenem Kindergeschrei ausgesetzt ist, weil ein zweiter Raum nicht zur Verfügung steht.

Ganz verzweifelt wird die Situation, wenn zu den übrigen schwierigen Lebensumständen auch noch Trunksucht des Vaters oder gar der Mutter hinzukommt (siehe Frau N.).

Die Eltern

Die mißhandelnden Eltern stammen zum größten Teil selbst aus ungeordneten Familienverhältnissen, aus geschiedenen Ehen oder sind selbst unehelich geboren. Vielfach wurden auch sie schon in ihrer Kindheit mißhandelt oder vom Jugendamt betreut, etwa wegen Erziehungsschwierigkeiten, Verwahrlosung, strafbaren Handlungen. Sie haben ein niedriges Bildungsniveau, geringe Intelligenz, meist sind es Volksschüler, von denen nicht alle die Abschlußklasse erreicht haben, einige waren Sonderschüler. Nur 8% der Väter haben die Oberschule besucht.

Unter den mißhandelnden Elternteilen überwiegen die Väter und in auffallender Weise die Stiefväter. Stiefmütter dagegen sind – entgegen der weitverbreiteten Meinung – nicht mit einem hohen Prozentsatz vertreten. Die männlichen Täter sind zu 40% Hilfsarbeiter und Anlernlinge, ein Drittel arbeitet nicht im erlernten Beruf. Sie sind also weitgehend ohne beruflichen Erfolg. Auch die wenigen Akademiker haben in ihren Berufen nicht Fuß gefaßt. Wir finden darunter ferner Trinker, Körperbehinderte, die infolge Krieg oder Unfall nur begrenzt oder gar nicht erwerbsfähig sind, und Hirngeschädigte. Krankheiten erschweren natürlich die Lebensbewältigung erheblich. Von 199 Tätern waren 80 vorbestraft, 54 Männer und 26 Frauen. Die Delikte waren u.a. Verletzung der Unterhaltspflicht, Körperverletzung, Unzucht, Kuppelei und Sittlichkeitsdelikte, Totschlagversuch und Beihilfe zum Totschlag und eine Kindestötung.

Ein Beweis für die oft unglücklichen Familienverhältnisse sind die vielen Ehescheidungen. Von 183 Elternteilen – 16 Mütter sind unverheiratet – waren zur Tatzeit 45 wenigstens einmal geschieden. 35 hatten sich wieder verheiratet, während sieben Frauen und drei Männer mit ihren Kindern alleine lebten.

Bei den mißhandelnden Müttern ist die Zahl der alleinstehenden Frauen auffallend hoch. Der Zwang, den Lebenskampf allein führen zu müssen, wirkt sich offenbar aus. Unter den verheirateten Frauen überwiegen die berufstätigen Mütter. Auch sie sind zu einem hohen Prozentsatz krank oder körperbehindert. Dazu ein unglückliches Familienleben, unstabile Ehen, ein unberechenbarer Partner, unerwünschte Kinder, die das Niveau noch mehr drücken – wie sieht es in der Seele dieser körperlich und nervlich überbeanspruchten Frauen ohne alle Zukunftshoffnung wohl aus!

Der häufigere Tatbestand ist Mißhandlung durch Vater *oder* Mutter. Unter den angegebenen 200 Fällen waren aber auch 18 Kinder, die von beiden Elternteilen gemeinsam mißhandelt wurden. Was es für ein kleines Kind an Seelennot und Verlassenheitsgefühlen bedeuten muß, von beiden Menschen, bei denen es Zuflucht und Geborgenheit finden sollte, zurückgestoßen und verängstigt zu werden, kann überhaupt nur jemand ermessen, der die ausgeprägte Feinfühligkeit kleiner Kinder aus eigener Beobachtung kennt. Besonders ins Gewicht fällt, daß gerade bei gemeinschaftlicher Mißhandlung in erster Linie Kleinstkinder unter einem Jahr betroffen sind. Das Persönlichkeitsbild dieser Eltern fällt noch negativer aus als das der Einzeltäter; sie gehören einer besonders gefährdeten Schicht an. Intelligenz, Bildungsniveau und Schulleistungen liegen noch tiefer, ebenso ihre Stellung im Beruf. Der Prozentsatz der vorbestraften Väter und Mütter ist höher. Auffallend kraß zeigt sich der Unterschied bei Frauen. Wegen der besonders schweren und nachhaltigen Schäden, die diesen Kindern zugefügt werden, verlangen die Autorinnen für sie eine intensive Spezialbehandlung nach der Mißhandlung, außerdem auch gerade hier *vorbeugende Maßnahmen.*

Die Kinder

Von den 200 mißhandelten Kindern waren 75 unter 6 Jahren alt. Die meisten Fälle mit Todesfolge liegen unter 3 Jahren! *75 Kinder waren unehelich geboren;* bei einer anderen Erhebung waren 71% unehelich geboren. Die durchschnittliche Kinderzahl liegt bemerkenswerterweise bei den hier geschilderten mißhandelnden Familien mit 2,8 erheblich über dem Gesamt-Durchschnitt von 1,6%. Vornehmlich diese Kinder sind es, nämlich *die unehelichen und vorehelichen,* danach Stief- und Adoptivkinder, die in erhöhtem Maße der elterlichen Mißhandlung ausgesetzt sind. Wie Elisabeth Nau sagt, sind das solche Kinder, „die allgemein an keinem normalen Platz in der Geschwisterreihe stehen“. Erfahrungsgemäß sind allgemein die Kinder am meisten gefährdet, die erst spät in die Familien Eingang fanden.
Diese Kinder waren vorher in der Regel bei Verwandten, in (wechselnden) Pflegestellen, in Heimen untergebracht. Am häufigsten und schwersten wiederum wurden die mißhandelt, die die *erste Zeit ihres Lebens in Heimen* zugebracht hatten. Ein eklatanter Beweis für die schweren Deprivationsgefahren und ihre Folgen in unseren Heimen!

Viele Eltern holen ihre Kinder zu sich nach Hause, wenn sich ihre Verhältnisse gebessert, sie geheiratet oder eine Wohnung gefunden haben. Diese Kinder, die infolge der Schädigung bereits schwer erziehbar, weinerlich, Bettnässer sind, die einen großen Nachholbedarf an Liebe haben, die oft eigentlich in eine heilpädagogische Behandlung gehören würden, werden nun – meist auch noch beiderseits unvorbereitet – in eine fremde Umgebung verpflanzt. Die unaufgeklärten, unwissenden Eltern stehen vor einer Aufgabe, die sie nicht bewältigen können. Sie werden immer ungeduldiger, das Kind immer verstörter und schwieriger. Das Eltern-Kind-Verhältnis ist von allem Anfang an schwer gestört; der Teufelskreis ist unentrinnbar. (Siehe Fall Peter)

Die Folgen

Wie bei der weiteren Beobachtung dieser Kinder festgestellt wird, sinkt ihre Schulerfolgsquote gegenüber den elterlichen noch weiter ab. Von 82 Schülern besuchten 56 die Volksschule, 24 die Sonderschule und 2 das Gymnasium. Der hohe Prozentsatz der Sonderschüler, 29,3%, wird deutlich im Vergleich mit den entsprechenden Zahlen in München: in den Jahren 1959 bis 1964 betrug der Anteil der Sonderschüler zwischen 3,41% und 3,76%.
Soweit die spätere Entwicklung verfolgt werden konnte, wurden folgende Beobachtungen gemacht:
Von 148 Kindern entwickelten sich 40% zufriedenstellend; 38% zeigten seelische Störungen; 38% verwahrlosten; sie streunten, arbeiteten unregelmäßig, wurden sexuell haltlos oder kamen früh mit der Polizei in Berührung. 16,2% wurden kriminell auffällig, u.a. durch Diebstähle, Hausfriedensbruch, versuchte Brandstiftung, Körperverletzung. (Die Zahlen überschneiden sich teilweise.)

Körperschäden – äußerlich nicht feststellbar

An körperlichen Schäden wurde bei den Kindern, die nach der Mißhandlung in Heimen untergebracht wurden, 14% akute Be-

hinderungen als Folge der Mißhandlung angegeben; 12% der Kinder erlitten bleibende Schäden, die sie ein Leben lang behindern werden oder zu Krüppeln machen.
Die Autorinnen der Studie sehen diese Zahlen als auffallend niedrig an. Abgesehen von anderweitigen höheren Resultaten ist das ganze Außmaß der Schädigung durch körperliche Züchtigung überhaupt kaum feststellbar. Man weiß aber heute, daß durch Prügel schwere geistige Störungen entstehen können. Welche Eltern sind sich zum Beispiel bewußt, daß allein durch Stockschläge auf das Hinterteil eine Fettembolie ausgelöst werden kann, die zu Hirnschäden führt, was von außen aber nicht erkennbar ist. „Als Spätfolge der cerebralen Fettembolie findet man einen allgemeinen geistigen Abbau sowie vielgestaltige Störungen als Ausdruck einer irreversiblen diffusen Schädigung." (Biermann) Gerade solche durch die eigenen Eltern schwer geschädigten Kinder werden dann von den gleichen Eltern als „blöde" abgelehnt und zur „Strafe" wiederum besonders schlecht behandelt. Biermann zitiert weitere Feststellungen dazu:
„30% aller Kinder, die geprügelt werden, tragen Gehirnschäden davon. Sie leiden unter Kopfschmerzen, Konzentrationsschwäche, mangelnder Lern- und Leistungsfähigkeit."
„Sah man bisher nur die örtliche Reaktion der Stockschläge... so muß man nach der heutigen Kenntnis... der Fettembolie mit einem allgemeinen und in besonderen Fällen nicht geringen Vitalschaden nach Züchtigungsmaßnahmen mit dem Stock bei Kindern rechnen."
„Vom ärztlichen Standpunkt aus führen Schläge und mindestens Stockschläge zu einer bleibenden körperlichen und geistigen Gesundheitsschädigung, die einer Verstümmelung gleichkommt."

Aktuell in den USA...

Von größter Aktualität sind Untersuchungen in den USA, über die der Kinderarzt Köttgen 1966 erstmalig berichtete. Diese Untersuchungen, von Kempe, Silverman und Steele, spielten in den USA eine ausschlaggebende Rolle und gelten auch bei uns als Standardwerk aus dem medizinischen Bereich zu Kindesmißhandlungen. Dort werden als Mißhandlungsfolge vielseitige Knochenbrüche in Verbindung mit Blutungen in der Schädelhöhle und der Bauchhöhle als „nicht selten“ angegeben und der Begriff „battered-child-syndrome“ geprägt, was die verschiedenen Symptome nach Mißhandlungen zusammenfaßt. Eine Umfrage in Krankenhäusern erbrachte 302 derartige Fälle in einem Jahr. 32 dieser Kinder starben, 85 trugen bleibende Hirnschäden davon. (Gerichtlich verfolgt wurde nur ein Drittel der Fälle.) Dieses Phänomen wurde auch den amerikanischen Ärzten erst in den letzten eineinhalb Jahrzehnten zunehmend bewußt. Köttgen mißt den immer wieder angegebenen inneren Blutungen und Skelettschäden besondere Bedeutung zu. Mehr oder weniger lassen sich diese Ergebnisse ja auch auf deutsche Verhältnisse übertragen. Verletzungen des Skeletts können sich auf verschiedene Weise bemerkbar machen; aber auch sie sind von außen oft gar nicht feststellbar. Darum verlangt Köttgen grundsätzlich bei jedem Verdacht von Mißhandlung eine gründliche röntgenologische Durchuntersuchung des gesamten Skeletts. Bisweilen werden dabei „höchst überraschende Befunde“ aufgedeckt. Möglich sind z. B. *Wirbelsäulenverletzungen mit Querschnittlähmung*, aber auch Schäden im Bauchraum werden erwähnt, wie Darm- und Leberrisse, Nierenblutungen. „Der Blick für dieses Syndrom muß allerdings erst geschult werden, um wirklich möglichst alle Fälle in ihrer vollen Breitenwirkung zu erfassen.“

... kaum beachtet bei uns

Aber das in den USA oft beschriebene und diskutierte „battered-child-syndrome“ wird offenbar bei uns kaum beachtet. Dabei muß immer wieder darauf hingewiesen werden, daß es sich bei den Opfern ja vorwiegend um *Kleinst- und Kleinkinder* handelt, meistens unter einem Jahr! In diesem Alter wirken sich alle Gewalteinwirkungen sehr viel schwerer aus, besonders wenn Kopf und Gehirn betroffen sind. „Schon zorniges heftiges Zupacken am Arm oder Bein kann leicht zu Skelettveränderungen führen. Wie viel mehr wirkt sich dann offenbar nicht seltenes Schleudern des Kindes ins Bett, an die Wand, auf den Boden, in die Mülltonne aus.“

Der Arzt und die Schweigepflicht

„Auch wer schweigt, macht sich mitschuldig."
Die weit verbreitete Auffassung, der Arzt habe zu Kindesmißhandlungen zu schweigen, ist falsch. Sie kommt dem allgemeinen Bequemlichkeitsempfinden entgegen, der unbegreiflichen Ahnungs- und Interesselosigkeit, mit der Außenstehende den deutlichen Anzeichen schwerster Mißhandlungen begegnen.
„Skeptiker werden die Frage stellen, ob der Kinderarzt... möglicherweise an einer Ursachenaufdeckung nicht interessiert sei, um den Mißlichkeiten eines Konflikts mit den Eltern sowie einer Meldung an Behörden und Gerichte aus dem Wege zu gehen. Eine solche... Haltung würde allerdings auch nur der des allgemeinen Publikums entsprechen, das geradezu eine Scheu zu haben scheint, sich mit solchen Missetaten auseinanderzusetzen. In einzelnen, journalistisch geschickt aufgemachten Fällen brandet zwar eine Woge der Empörung auf, insbesondere wenn die Verurteilung der Täter nach dem „gesunden Volksempfinden" zu milde ausgefallen scheint, um dann aber bald wiederum der Stille der Gleichgültigkeit zu weichen." (Köttgen)
Frau Professor Nau macht folgende Feststellung: „Die oft entscheidende Bedeutung einer Mitarbeit der medizinischen Wissenschaft und der Ärzteschaft ist in Deutschland verhältnismäßig spät erkannt worden... Heute wird international nach Möglichkeiten gesucht, wie diese so dringend notwendige Mitarbeit der Ärzte verstärkt und intensiviert werden kann. Jedem Fachmann sind Fälle bekannt, in denen typische und ausgedehnte äußere Verletzungen als Mißhandlungsspuren nicht erkannt, sondern die Patienten nach erfolgter Heilung trotz der Feststellung ihres scheuen, verängstigten und verwahrlosten Zustandes zu den gleichen Eltern entlassen wurden. Später starben diese Opfer dann an einer Gehirnschädigung, Fettembolie, inneren Verblutung nach einem langen Martyrium. Jüngst ist von Trube-Becker ein solcher Fall eines *nach achtmaliger Krankenhausbehandlung* schließlich doch an Mißhandlung verstorbenen Kindes veröffentlicht worden.
Das typische Merkmal der Kindesmißhandlung ist die Wiederholung, nach früheren Veröffentlichungen in 50% der Verfahren.

Nach unseren Untersuchungen wurden sogar in 84% der Fälle jahrelang die Mißhandlungen begangen, obwohl diese zu 71,4% in der Umgebung bekannt waren, bevor nur von 26,2% der Mitwisser Anzeige erstattet wurde.
Von den Strafrechtlern und Gerichtsmedizinern ist daher schon früh und mit immer größerem Nachdruck die Forderung nach sorgfältiger Beachtung und Spurensicherung verdächtiger Verletzungen, Überweisung an Spezialärzte zur Befunderhebung sowie zur Verweigerung der Ausstellung eines Totenscheines in unklaren Fällen erhoben worden.
Kinderschutzvereine haben... die Einführung einer bedingungslosen Anzeigepflicht für sogenannte Mitwisser in dem neuen Strafgesetzentwurf gefordert. Die geäußerten Bedenken einer Überflutung der Behörden mit unberechtigten Meldungen teilen wir nicht. Denn jeder erfahrene Ermittlungsbeamte und Richter und jeder medizinische Sachverständige... kann hier Spreu vom Weizen unterscheiden. Bedingung ist allerdings eine sorgfältige Untersuchung... Von nahezu 35000 in England 1965 angezeigten Kindesmißhandlungen erwiesen sich nur 0,5% als ungerechtfertigt."
Biermann zitiert eine Reihe weiterer Ansichten: „Dr. Heinemann, (seinerzeit) Bundesminister der Justiz: Es mag sein, daß bei Ärzten gelegentlich eine Ungewißheit über die Grenzen der Schweigepflicht besteht... § 300 des Strafgesetzbuches verbietet aber nur die *unbefugte Offenbarung ärztlicher* Geheimnisse. Nach den Grundsätzen der Güter- und Interessenabwägung ist eine Offenbarung zum *Schutz höherwertiger Rechtsgüter zulässig."*
Auch nach Ansicht zum Beispiel des Deutschen Kinderschutzbundes *vertritt das Kind das höhere Rechtsgut.*

„Frau Nau ...erhob auf dem Kongreß schwere Anschuldigungen gegen einige ihrer Kollegen: ‚Viele Ärzte fürchten, ihre Praxis könnte darunter leiden, wenn bekannt wird, daß sie sich in die Angelegenheiten ihrer Patienten einmischen'."

„Immerhin wurde sie (die Schweigepflicht) von einer bundesdeutschen Ärztekammer so ernst genommen, daß sie ein Mitglied tadelte, weil es Anzeige erstattete, nachdem dreimal kurz hintereinander ein kleiner Junge mit gebrochenen Gliedmaßen eingeliefert worden war, Verletzungen, die ganz offenbar von Schlägen herrührten. Nach dem gängigen Ehrenkodex darf ein Arzt die Polizei also erst auf ein Verbrechen aufmerksam machen, wenn er sich weigert, einem totgeprügelten Kind den Totenschein auszustellen. Dann schaltet sie sich automatisch ein."

„Der Vater, der seinem 2jährigen Kind innerhalb eines halben Jahres zweimal den Arm über der Tischkante gebrochen hatte, wurde wegen Kindesmißhandlung verurteilt. Der Arzt, der die Untat aufgedeckt und angezeigt hatte, wurde von der zuständigen Ärztekammer wegen Verletzung der ärztlichen Schweigepflicht verwarnt."

„Ein Arzt in M., der ein mit Blutergüssen übersätes Kind behandeln mußte, (erstattete) Anzeige beim Staatsanwalt. Doch das Verfahren wurde mangels Beweisen eingestellt – kurz bevor der angezeigte Vater in einem neuen Wutrausch sein Kind zu Tode schlug."

„Der Verband der Ärzte Deutschlands (Hartmann-Bund) hat bereits an die Ärzteschaft appelliert, bei festgestellten Kindesmißhandlungen oder dringendem Verdacht das zuständige Jugendamt oder Gesundheitsamt zu benachrichtigen, da nur durch die Mithilfe der Ärzte ein mißhandeltes Kind vor weiteren Mißhandlungen geschützt werden könne. Dieser freiwillige, an den spezifischen Einzerfall geknüpfte Appell von Ärzten an Ärzte erscheint im wohlverstandenen Interesse der mißhandelten Kinder unbedenklich. Der Arzt entscheidet in eigener Verantwortung, ob er sein Wissen preisgeben will."

„Der Brief Prof. Fromms... lautet: ‚Es scheint nicht allerorts bekannt zu sein, daß das Gesetz es dem Arzt erlaubt, dann die Schweigepflicht zu durchbrechen, wenn dieses zum Schutze eines bedrohten höheren Rechtsgutes nötig erscheint. Diese Möglichkeit halte ich für ausreichend, und sie widerlegt die Behauptung: Unsere Schweigepflicht verbietet uns eine Anzeige, die sie angeblich von einigen Ärzten gehört haben wollen...'" (Soweit Zitate von Biermann.)

„Auf alle Praktiken, die im Verdacht stehende Eltern ersinnen können, um selbst erfahrene Ärzte mit Erfolg zu täuschen, einzugehen, verbietet mir die Zeit. Diese sollten aber in kinderärztlichen und jugend-psychiatrischen Lehrbüchern, vor allem solchen, die sich mit der Begutachtung von Kindern, auch auf ihre Glaubwürdigkeit als Zeugen vor Gericht befassen, eine eingehende Darstellung erfahren. Ebenso müßte unseren Studenten... die Bedeutung dieses Deliktes anschaulich dargestellt werden... Außerdem erfordert die Verbrechensbekämpfung eine unbürokratische, rasche, ständig einsatzbereite und harmonische Zusammenarbeit aller mit Kindesmißhandlung befaßten Institutionen wie Ermittlungs-, Fürsorge-, Erziehungs- und Gesundheitsbehörden." (Nau)

„Es ist vordringlichste Aufgabe aller an der Aufdeckung derartiger Verbrechen beteiligten Stellen, die Opfer erwiesener Mißhandlungen unverzüglich in eine geordnete und gesicherte Umgebung zu bringen. Darüber hinaus ist es jedoch erforderlich, jeden suspekten Verletzungsfall möglichst schnell einer Klärung zuzuführen, um das gefährdete Kind vor weiterem Schaden zu bewahren. Hierfür ist in erster Linie die intensive Zusammenarbeit von Kinderarzt und Gerichtsmediziner, aber auch von Juristen und den entsprechenden Stellen der Fürsorge und Kriminalpolizei unumgängliche Voraussetzung, wie das gerade hier in Westberlin... auf vortreffliche Weise demonstriert wurde." (Falk und Maresch.)

Die Kindesmißhandlung im Strafverfahren

In den 200 Fällen des Forschungsberichtes wurden folgende juristische Entscheidungen gefällt:

Gegen 32 Täter wurde keine Anklage erhoben, in 60 Fällen erfolgte Einstellung des Verfahrens, in 8 Fällen Freispruch mangels Beweisen. 24 mal wurden Geldstrafen verhängt, 40mal Gefängnisstrafen mit Bewährung, 22mal Gefängnis ohne Bewährung, 2mal Zuchthaus (1mal 5 Jahre, 1mal lebenslänglich).

Wie wirken sich nun diese Strafen aus, in einer im Lebenskampf schon nicht erfolgreichen Familie? Eine Geldstrafe schwächt die ohnehin geringe Finanzkraft der Familie noch mehr. Eine Freiheitsstrafe für den Ernährer entzieht der Familie für längere Zeit auch noch dessen Verdienst und erschwert später seine Wiedereingliederung in den Arbeitsprozeß. Eine längere Abwesenheit der Mutter ist für jede Familie besonders schwer zu ertragen, die Leidtragenden sind in erster Linie immer die Kinder; außer dem mißhandelten Kind sind in der Regel ja auch noch Geschwister da.
Aus solchen Erwägungen heraus kommt die Staatsanwaltschaft wohl auch so oft zur Einstellung des Verfahrens; der Schutz des gefährdeten Kindes ist damit jedoch nicht gesichert. Die Freisprüche erklären sich weitgehend daraus, daß anzeigende Angehörige, vor allem aber die eingeschüchterten Kinder selbst die Aussage gegen die Eltern vor Gericht wieder zurücknehmen. Oft erfolgen wiederholte Anzeigen wegen des gleichen Falles. Oder die Kinder werden in die Familien zurückgegeben, weiter mißhandelt und müssen dann doch noch in ein Heim eingewiesen werden – falls es bis dahin nicht zu spät ist.
Die Öffentlichkeit, aber auch ein großer Teil der sozialpädagogischen Fachkräfte, sehen die Verhütung von Kindesmißhandlung im wesentlichen als eine Frage des Strafmaßes. Wolfgang Ullrich, meint, man dürfe an Hand seiner Aktenauszüge bezweifeln, „daß die verbrecherischen Elemente, deren Beruf es war, Menschen zu quälen, mit dem Jahr 1945 von der Bildfläche verschwunden sind“, und er verlangt eine weitgehende Verschärfung der diesbezüglichen Gesetzesbestimmungen. „Die bei Kindesmißhandlungen leider noch immer üblichen milden Urteile bleiben weit hinter jener Sühne zurück, die allein den erduldeten Qualen und Schmerzen gemäß wäre.“ Betrachtet man die Brutalität vieler Delikte, kann man sich der Argumentation nicht versagen. Nur – die Problematik wird durch die Sühne nicht gelöst.
Auch Bauer findet die Urteile „weitgehend ausgesprochen mild“. Nach welchen Maßgaben die Urteilsfindung erfolgt, ist auch nicht ohne weiteres verständlich:

Täter bzw. Tatarten	*Durchschnittsstrafe*
Verurteilte, die aus Unerfahrenheit mißhandelten	1–2 Mon. Gefängnis
Mißhandlungen aus Affekt	2–3 Mon. Gefängnis
Mißhandlung aus feindlicher Einstellung gegenüber dem Kind	5–6 Mon. Gefängnis
Mißhandlungen aus starker triebhafter Unbeherrschtheit	8 Mon. Gefängnis oder Zuchthaus
Mißhandlungen aus anlagemäßiger Minderwertigkeit des Täters	11–12 Mon. Gefängnis, häufig Zuchthaus
(Urteile von 1969)	

Warum Einstellung des Verfahrens?

Auch Ullrich bemängelt, daß die Staatsanwaltschaft „rund 80% aller Fälle, die bei ihr anhängig werden, einstellt, und damit eine vorweggenommene richterliche freisprechende Funktion ausübt". Damit wird schon weitgehend die große Problematik der fehlenden *Hilfe für das Kind* durch ein Strafverfahren sichtbar gemacht, aber auch die Gefahr des ausdrücklich zugestandenen elterlichen *Züchtigungsrechtes.*

Ullrich bringt unter vielen anderen die folgenden Beispiele für eine Einstellung des Verfahrens:

„Das geschädigte Kind gab im Kindergarten an, von seinem Vater häufig geschlagen zu werden. Als einige Tage darauf die Kindesmutter im Kindergarten erschien und erklärte, daß das Kind ins Krankenhaus käme, weil es sich einen Armbruch zugezogen habe, vermutete die Leitung des Kindergartens, daß diese Verletzungen durch einen Zornausbruch des Vaters entstanden sei. Eine Zeugin gab an, daß der Kindsvater jähzornig sei und nicht nur seine Kinder sondern auch seine Frau verprügelt. Der Kindsvater gab in seiner Vernehmung zu, seinen dreieinhalb Jahre alten Sohn derart geschlagen zu haben, daß er diesem den Arm gebrochen hat... Verfahren eingestellt, ‚da eine rohe Mißhandlung nicht festzustellen ist und der Beschuldigte in Erregung gehandelt hat'".

„Die Anzeigenerstatterin gab an, daß das Kind mit einem Kabelende geschlagen wurde, so daß Blutergüsse zu sehen waren... Die Mutter rechtfertigte ihr Verhalten damit, daß das Kind häufig sehr trotzig wäre. Sie beauftragte ihren Mann, ein Schlaginstrument zu fertigen. Dieser band mehrere Kabelenden mit einem Bindfaden zusammen. Mit diesem Werkzeug wurde das Kind dann geschlagen, ‚weil es keinen Stuhlgang machen wollte'. Nachdem mehrere Mittel versagten (Seifenzäpfchen) glaubte die Beschuldigte, den Stuhlgang durch Schläge mit dem Kabelende herbeiführen zu können. Sie gab zu ihrer Entschuldigung an, daß sie durch die bestehende Schwangerschaft leicht erregbar sei."

„Die Beschuldigte hat ihr 7jähriges Kind für längere Zeit an eine Kartoffelkiste gebunden und es so geschlagen, daß es sichtbare Striemen am Körper hatte. Zeugen sagten aus, daß sie das Kind verschiedentlich nur mit einer Badehose bekleidet hinter der verschlossenen Kellertür stehen sahen. Nach einer anderen Zeugenaussage soll das Kind von 7.30 Uhr bis 12.45 Uhr im Keller zugebracht haben... Die Mutter erklärte, das Kind zeige Erziehungsschwierigkeiten. Sie gibt zu, das Kind in den Keller gesperrt zu haben... Während einer Züchtigung auf das Gesäß rutschte das Kind aus und fiel so unglücklich, daß es eine Verletzung über einem Auge davontrug, die ärztlich behandelt werden mußte. Der Beschuldigten konnte nicht nachgewiesen werden, daß sie ihr *Züchtigungsrecht* überschritten hat. ‚In dem Kellereinsperren ist jedenfalls nicht unbedingt eine Mißhandlung zu sehen'. (Ansicht der Staatsanwaltschaft.)"

„Der Anzeigenerstatter beschuldigte den Vater, seine 13jährige Tochter so gezüchtigt zu haben, daß sie noch am nächsten Tag im Gesicht und an den Händen blutete. Eine als Beweisstück mitgebrachte Schürze war völlig mit Blut beschmiert. Der Beschuldigte ist oft betrunken und kümmert sich wenig um das Kind. Er hat anderen gegenüber geäußert, daß er seine Tochter totschlagen würde. Er lebt in sozial schlechten Verhältnissen und unterhält ein Konkubinat mit einer 26jährigen Frau, die bereits zwei uneheliche Kinder von je einem anderen Mann hat. In diesen Verhältnissen wuchs das

Kind auf. Er gibt zu, das Kind dreimal geschlagen zu haben. Von diesen Schlägen habe es in zwei Fällen Nasenbluten gehabt."

„Das Gesundheitsamt stellte in der ärztlichen Untersuchung fest, daß das zweijährige Kind, vor allem an den Wangen, an der linken Stirnseite, an beiden Oberarmen, an beiden Gesäßhälften ausgedehnte blaugrüngelb verfärbte Haematome aufweist. An der rechten Ohrmuschel zeigte sich eine frische blutunterlaufene Hauptpartie. Als Motiv für die Mißhandlungsspuren am Kindeskörper gab die Beschuldigte an, sie habe ihr Kind ‚aus Liebe gebissen'. In einem Bericht des Jugendamtes wird die Beschuldigte als hemmungslose Umhertreiberin bezeichnet, die ihr Kind total verschmutzen und verkommen läßt." Das mißhandelte Kind wurde in einem Heim untergebracht. Die Staatsanwaltschaft stellte das Verfahren ein, „weil die Beweismittel nicht ganz zu einer Überführung ausreichen".

Zum gleichen Thema einige Beispiele von Bauer:

„So wurde kürzlich ein dreijähriges Kind in seinem Bett tot aufgefunden. Die Stiefmutter hatte es zu Tode geprügelt und getreten; der Tod trat durch einen Leberriß ein. *Fünf Monate zuvor war bereits eine Anzeige erfolgt, das Verfahren mußte aber eingestellt werden,* weil trotz mehrerer Blutergüsse im Gesicht die Verdachtsmomente nicht ausreichten."

„In einem anderen Fall wurde Anfang 1967 ein knapp vier Monate altes Kind einem Arzt tot in die Praxis gebracht. Die Obduktion ergab, daß es regelrecht verhungert war. In der Wohnung der Eltern herrschten unbeschreibliche Zustände, verdorbene und verschimmelte Speisen, schmutzige Kinderwäsche, nasse Kindermatratzen wurden festgestellt... Die Ermittlungen ergaben, daß in der gleichen Familie bereits Anfang des Jahres 1965 ein anderes Kind im Alter von drei Monaten ebenfalls unter eigenartigen Umständen verstorben war... Ein damals eingeleitetes Ermittlungsverfahren verlief im Sand, das beigebrachte Beweismaterial reichte nicht zu einer Verurteilung aus."

„Mit Stahlstäben... wurde ein 4jähriger Junge mißhandelt... Das Kind wurde auch gegen die Wände der Wohnung geworfen, erhielt Fußtritte und Schläge mit der Hand oder Faust. Die Eltern hatten es stets verstanden, die blauen Flecken ihres Kindes mit dem Herumtollen und dem Fallen beim Herunterspringen von der Kommode zu erklären. Das Kind selbst erklärte immer wieder, die Eltern seien lieb und würden es nicht schlagen. Nachbarn zeigten jedoch... an, daß hier der Verdacht von Mißhandlungen gegeben sei. Das Kind wurde einem Arzt vorgestellt, der vom Kopf bis Fuß zahlreiche gelbe, grüne und blaue Flecken feststellte, auch die Durchtrennung der Kopfhaut an einer Stelle bemerkte. Bei der Staatsanwaltschaft wurde das *Verfahren jedoch eingestellt,* nachdem der Vater erklärt hatte, das Kind habe sich mit anderen Kindern geprügelt und sei auch einmal hingefallen. Die Akten, die dem Jugendamt weitergegeben wurden, gaben diesem ebenfalls keine Veranlassung, etwas zu unternehmen. Anfang Dezember 1960 erfolgte eine neue Anzeige, wiederum durch eine Nachbarin. Der gleiche Arzt untersuchte das Kind und stellte wiederum erhebliche Verletzungen fest. Das Verfahren wurde *erneut* von der Staatsanwaltschaft *eingestellt.* Fünf Monate später wurde das Kind in ein Krankenhaus eingeliefert, weil es sich einen Oberarmbruch zugezogen hatte... Der Armbruch wurde geheilt, nach den Ursachen wurde offenbar nur oberflächlich geforscht. Vier Monate später fand sich der Vater bei einem Arzt ein und wollte den Tod des Kindes anzeigen... Ein amtlicher Leichenbeschauer entdeckte sofort, daß das Kind nur durch eine strafbare Handlung verstorben sein konnte und verständigte die Polizei. Eine Obduktion bestätigte diesen Verdacht. Die Verurteilung der Eltern wegen Mordes war nicht möglich, sie erhielten je 8 Jahre Zuchthaus."

Das Mißhandlungsmilieu

Zum Schluß sei hier noch ein von Ullrich zitierter Fall eingefügt, der recht gut das Familien-Milieu darstellt, das Mißhandlungen beinahe herausfordert, dazu wenig Verständnis und Abgestumpftheit bei den „helfenden" Stellen:

Eltern der Angeklagten waren geschieden, sie war der Mutter zugeteilt. „Eines Tages brachte mir meine Mutter einen Afrikaner mit nach Hause... ich wurde gezwungen, die Seine zu werden."
Mit 22 Jahren bekam sie das erste, mit 26 das vierte uneheliche Kind, zum zweiten Mal einen Kaiserschnitt. „In meiner Verzweiflung (vor der unerwünschten Geburt – § 218!) schlug ich das Kind" (die etwa zweieinhalbjährige Tatjana). Wenn sie nicht gewußt hätte, daß sie bestraft würde, hätte sie das Kind schon totgeschlagen, von ihr aus könne das Kind verrecken. Das Kind war am ganzen Körper blau geschlagen, insbesondere auch am Unterleib, ‚Gemächte'... Eine Zeugin hörte, wie das Kind in der Wohnung schwer mißhandelt wurde, wobei ein dumpfes Geräusch darauf schließen ließ, daß es die Mutter mit dem Kopf gegen die Wand oder den Boden stieß. Ein weiterer Vorfall ergibt, daß sie das Kind auch noch auf andere Weise gequält hat...

Urteil: 10 Monate Gefängnis. Das mißhandelte Kind wurde in einem Heim untergebracht. Der Ehemann wurde arbeitslos, da er sich um seine drei anderen Kinder im Haushalt kümmern mußte. Ein Brief des Strafanstaltsfürsorgers an die Arbeiterwohlfahrt zeitigte folgende Antwort: Die Arbeiterwohlfahrt lehnte den Einsatz einer ehrenamtlichen Hilfe ab, „da der Zustand des Haushaltes sehr mangelhaft ist. Er kann nicht erst durch die Abwesenheit der Angeklagten hervorgerufen sein. Herr X. kann sich ja eine Hilfe suchen, die er bezahlt und die gewillt ist, tagsüber die Kinder zu betreuen, dann kann er seiner Arbeit wieder nachgehen. Im Haushalt befinden sich zwei Kinder, das jüngste ist ebenfalls in einem Heim untergebracht... Es ist traurig, daß die armen Kinder in einer so stikkigen Luft leben müssen, durch Verschulden der Eltern. Wenn man auch arm ist, aber sauber kann man doch sein. An Lebensmitteln werden wir etwas beisteuern." Der Strafanstaltsfürsorger wandte sich daraufhin an das Fürsorgeamt. Das Sozialamt teilte mit, daß die Verhältnisse dauernd überwacht würden. Der Vater bestreitet den Lebensunterhalt mit einer monatlichen Fürsorgeunterstützung von DM 106,– (1956).

Bauer sagt dazu: Man wird „Unkenntnis, Affekte, Abneigungen oder Abnormitäten auf seiten des Täters als bestimmende Kriterien für sein Verhalten annehmen können. (Alter der meisten Täter ist zwischen 20 und 30 Jahren.) Im Ermittlungsverfahren wird nun zwar das Opfer eingehend in jeder Richtung hin untersucht, sein Verhalten, das u.U. auslösend für die Mißhandlung war, wird genau geschildert, es fehlt aber generell an einer gleich genauen Untersuchung des Täters. So bleiben in den meisten Fällen die wirklichen Gründe unbekannt, über die Fähigkeit zur Erziehung von Kindern wird nichts ermittelt...

„Die beklagenswerten Vorkommnisse (die Todesfälle nach wiederholter Anzeige) ließen sich vermeiden, wenn die Persönlichkeit der Täter und die näheren Umstände der Tat genauer erforscht und die eigentlichen Motive dargestellt würden... Es ließe sich vielleicht eher die Möglichkeit realisieren, den derart bekannt gewordenen Eltern die Kinder zu entziehen, um deren Leben zu retten. Es kommt doch bei dem hier behandelten Delikt immer darauf an, den Rückfalltäter rechtzeitig zu erkennen...

Immer dann, wenn eine angezeigte Mißhandlung nicht zur Verurteilung führt oder wenn trotz der Verurteilung das mißhandelte Kind weiterhin in der Familie bleibt, wird der derart bekannt gewordene Sachverhalt behördliche Stellen zwingen, die Angelegenheit weiter im Auge zu behalten. Durch die Anzeige wurde der Verdacht eines Verhaltens bekannt, das auf eine Fehleinstellung zum Schutzbefohlenen zurückgeht und die Wahrscheinlichkeit besteht, daß es wiederholt wird. Es kommt hinzu, daß der Täter aus der Einstellung des Verfahrens oder dem Freispruch meist den – irrigen – Schluß zieht, sein Verhalten wäre gerechtfertigt und seine Erziehungsmethode richtig. Auch in allen anderen Fällen aber hat sich ja schließlich die Situation des mißhandelten Kindes durchaus nicht geändert, die gleichen Konflikte, die gleichen Schwierigkeiten bestehen nach wie vor. Die Folge ist, daß die Mißhandlungen fortgesetzt werden, vielleicht sogar intensiviert werden, und daß der

Täter bemüht ist, sein Verhalten künftig besser zu tarnen. Er kennt nun auch die Belastungszeugen, weiß auch, durch welche Umstände sein Verhalten bekannt wurde... Die Erfahrung hat gezeigt, daß in Fällen, in denen einfach nichts getan wird, in denen man sozusagen abwartete, ob der gewalttätige Täter das Kind nun totschlägt oder ob es die Mißhandlung infolge seiner vielleicht guten Konstitution übersteht oder aus dem gefährdeten Alter herauswächst, dieses Abwarten leider mit dem Tod des Opfers endete. Die Vorwürfe, die in der Öffentlichkeit dann erhoben wurden, waren leider nur zu berechtigt."

Diesen Worten eines erfahrenen Kriminalisten ist nichts hinzuzufügen. Wie aber angesichts der erdrückenden Fülle von Tatsachenmaterial, der Kritik und der positiven Vorschläge ungezählter Facharbeiter ein verantwortlicher Minister sich hinter der lapidaren Feststellung verschanzen kann, daß „es sich hier in erster Linie um eine ‚Frage der Gesinnung der Eltern' handle, und daß der Staat daher kaum helfen kann", (Bundesgesundheitsminister 1964, zitiert von Mende/Kirsch) bleibt unerfindlich.

Die anfänglich gestellte Frage nach dem Schutz des gefährdeten Kindes durch strafrechtliche Maßnahmen kann, wie schon aus dem wenigen hier angeführten Material hervorgeht, nicht positiv beantwortet werden. Was am schärfsten ins Auge springt, ist aber nicht nur das Delikt Kindesmißhandlung an sich, sondern die haarsträubenden Vorstellungen von „Erziehung", die offensichtlich in weiten Volksschichten herrschen, die nach Korrektur und vor allem nach Beratung der Eltern schreien. Irgendwelche derartigen Maßnahmen werden in dem angeführten Material nicht erwähnt. In den von Mende/Kirsch untersuchten 200 Fällen wird ja auch das Fehlen einer Elternberatung – sie wurde nur bei 11% der Fälle durchgeführt – bemängelt, was „sehr zu denken gibt". Von einem Schutz der ebenfalls schwer gefährdeten Geschwister eines ermordeten Kindes ist kaum jemals die Rede, obwohl nach der Anlage der Täterpersönlichkeit die Gefahr der Wiederholung ja groß ist.

Fachleute machen Vorschläge – vom Gesetz durchkreuzt

Soviel dürfte aus der Darstellung des Komplexes Kindesmißhandlung wohl deutlich geworden sein: die wirklich befriedigende Maßnahme ist nicht Sühne und schwere Bestrafung, *nachdem* Eltern ihr eigenes Kind grausam zu Tode gequält haben; sinnvoll ist doch die Verhinderung solcher Verbrechen von vornherein. Von dieser Erkenntnis ausgehend werden denn auch von berufener Seite in erster Linie *Maßnahmen zur Vorbeugung* von Kindesmißhandlungen erwogen. Leider werden solche Vorschläge von den maßgebenden Stellen nicht ernsthaft genug zur Kenntnis genommen.

Vor allem vorbeugende Maßnahmen

Kriminaloberrat Bauer: „In der Tat hat man sich über Vorbeugungsmaßnahmen bisher kaum Gedanken gemacht. Unsere Gesetzgebung geht immer noch von den Verhältnissen aus, die zu Beginn des 19. Jahrhunderts vorlagen. Damals konnte man noch darauf vertrauen, daß Eltern die Pflege und Erziehung von Kindern als eine ihnen vom Schöpfer übertragene Aufgabe betrachteten.
Diese Dinge liegen heute anders, und die Anzeigen über Kindesmißhandlungen beweisen eben, daß auch die sogenannte normale Ehe heute von Menschen geschlossen wird, die in keiner Weise für ihren künftigen Beruf als Eltern vorbereitet sind, auch nicht in der Lage sind, die künftigen Aufgaben zu meistern... Es fehlt darüber hinaus die Bereitschaft, für die Kinder Opfer zu bringen, wobei nicht nur materielle gemeint sind."
Und Mende/Kirsch: „Es ergibt sich aus allem bisher Gesagten schon fast von selbst, daß alle Maßnahmen zur Verhütung von Kindesmißhandlungen nur auf allerbreitester Grundlage ansetzen können. Vor allem müssen wir uns von dem Gedanken lösen, daß die Heimeinweisung die einzige Antwort auf eine Kindesmißhandlung ist. Vielmehr sind es die *Maßnahmen der offenen Jugendhilfe,* an die wir... in erster Linie denken. Wir erwähnten schon früher, daß von vielen Seiten sorgfältig durchdachte Vorschläge zur vorbeugenden Behandlung vorliegen."

In vielen Fällen, die oft in der Öffentlichkeit gar nicht bekannt werden, setzt sich auch der Deutsche Kinderschutzbund mit seinen ehrenamtlichen Helfern für die mißhandelten Kinder ein. Was eine intensive Zusammenarbeit zwischen den Jugendbehörden, der Kriminalpolizei und dem Kinderschutzbund erreichen kann, wie sie in West-Berlin praktiziert wurde, geht aus folgenden Zahlen hervor. Dort stieg die Zahl der aufgedeckten Kindesvernachlässigungen von 1966 um 400%, die der Kindesmißhandlungen um 300%. Die Kriminalpolizei bearbeitete 1964 in Berlin 220 Fälle schwerer Kindesmißhandlung, in Köln 59, in Hamburg 53, in München 50. (Sonntagsblatt 44/65)
Regelmäßige halbjährliche Untersuchungen der Kleinkinder werden allenthalben verlangt. Das würde 1. die Dunkelziffer von Verbrechen und Quälereien verkleinern; 2. Mißhandlungen eindämmen; 3. Vernachlässigungen (böswillige, fahrlässige oder solche aus Unwissenheit) verhindern. Man sollte die Kosten dafür nicht scheuen; sie sind eine gute Investition und helfen die Zahl der späteren Verbrecher und Kranken vermindern.

Aufmerksamkeit vom Nachbarn verlangt…

Bauer meint: „Endlich wird eine breite Öffentlichkeitsarbeit immer vorbeugend wirken. Wenn die Zeitungen… über Mißhandlungen regelmäßig berichten, wenn die Illustriertenpresse sich dieser Dinge annimmt, …dann kann mit einer gewissen abschreckenden Wirkung, aber auch mit einer gewissen Aufklärung gerechnet werden. …Segensreich hat sich hier die Arbeit einiger privater Verbände ausgewirkt, die durch Tagungen und Berichte sowie Vorschläge zur Abstellung bestehender Mißstände die Aufmerksamkeit der Öffentlichkeit in Anspruch nehmen.“
Mende/Kirsch erwähnen einen Aufruf des Bundesfamilienministers vom Dezember 1964, der ebenfalls die Bereitwilligkeit der Bevölkerung zur Mitarbeit ansprach, da die Jugendämter auf die Aussagen der Nachbarn angewiesen seien.
Und in einem Aufruf zur „Aktion Handeln – nicht mißhandeln“ von 1971 des Bayerischen Städteverbandes heißt es: „Diesen Kindern

und ihren Eltern zu helfen, ist nicht allein Aufgabe der Jugendbehörden. Unsere ganze Gesellschaft in all ihren Gruppen ist in der Verantwortung. Weniger Gleichgültigkeit gegenüber dem Mitmenschen, mehr Verständnis und Aufgeschlossenheit für die Probleme und Sorgen anderer, mehr Information und Aufklärung könnte vorbeugen... Eine allgemeine Bereitschaft der Öffentlichkeit zur Mitverantwortung und Wachsamkeit hat sich noch nicht entwickelt. ...Sie (die Eltern) sollen dafür gewonnen werden, Auffälligkeiten an Nachbarskindern, die auf Mißhandlung und Vernachlässigung hindeuten könnten, nicht gleichgültig zu begegnen... Mehr Aufmerksamkeit hätte schon manchem Kind die Leidenszeit verkürzt oder gar das Leben gerettet."

Das Justizministerium Baden-Württemberg stellt fest: „Bedauerlicherweise ist es jedoch bisher noch nicht gelungen, die sittliche Pflicht jedes einzelnen zum Schutz bedrohter Kinder in dem notwendigen Maße zu aktivieren." (Mende/Kirsch)

...aber Anzeigendem droht Strafverfolgung

Und was sagt das Gesetz dazu? An anderer Stelle des Forschungsberichtes von Mende/Kirsch heißt es: „Es wäre von größtem Interesse festzustellen, warum der größte Teil der Kindesmißhandlungen nicht angezeigt wird. Werden sie nicht entdeckt? Oder verzichten die Zeugen einer Mißhandlung aus Gleichgültigkeit oder bestimmten anderen Gründen – wie aus Angst vor den betroffenen Eltern, Scheu vor der Zusammenarbeit mit der Polizei und dem daraus entstehenden Zeitaufwand – auf eine Anzeige? Wir können dies nur vermuten und aus dem verbreiteten Mangel an Zivilcourage schließen. Wir müssen außerdem darauf hinweisen, daß *bei ungerechtfertigter Verdächtigung* tatsächlich *mit strafrechtlichen Folgen* gerechnet werden muß." Zum grundlegenden Unterschied von den Vereinigten Staaten, wo eine Strafverfolgung einer solchen Meldung ausdrücklich ausgeschlossen ist, auch wenn sie nicht zum Nachweis einer strafbaren Handlung führt.

Und doch ist auch hier die Situation nicht eindeutig klar. Biermann zitiert aus einem Schreiben des Justizministeriums von Baden-Württemberg: „Zunächst muß angestrebt werden, daß die Strafverfolgungsbehörden durch eine sachgerechte Praxis im Einzelfall mit Hilfe der Massenmedien die allgemeine Überzeugung vermitteln, daß ein Anzeigenerstatter, der sich nach gewissenhafter Erkundigung und nicht etwa leichtfertig aufgrund haltloser Vermutungen gutgläubig zur Anzeigenerstattung beim Jugendamt, bei der Polizei oder bei der Staatsanwaltschaft entschließt, nicht seinerseits mit einer Strafverfolgung wegen Beleidigung oder falscher Anschuldigung zu rechnen ist, auch wenn sich der angezeigte Vorfall später als strafrechtlich unerheblich herausstellen sollte. Hiervon abgesehen, *hängt es* in vielen Fällen allein *von den Fähigkeiten des Beamten ab,* der die Anzeige entgegennimmt, *ob sich* bei negativem Erfolg der Strafanzeige für den Anzeigenerstatter später *strafrechtliche Folgen ergeben* werden."

Paragraphen verhindern Maßnahmen

Die Gesetzgebung hat nun nicht etwa zur Frage der Vorbeugung für raschere und intensivere Strafverfolgung gesorgt, sondern im Gegenteil die Rechte für den beschuldigten Elternteil erweitert. Das gilt von einer Änderung der Strafprozeßordnung vom 19.12.64, daß heißt einen neuen § 163 a Abs. 5 StPO. Danach muß das mißhandelte Kind als Zeuge bereits bei seiner ersten Vernehmung auf sein Zeugnisverweigerungsrecht gegenüber den Eltern aufmerksam gemacht werden.
Gegen diese „Erschwerung der Strafverfolgung" laufen eine Reihe von Protesten von Fachleuten Sturm.

Rechte für den Beschuldigten

„Größte Schwierigkeiten stellen sich der Verfolgung von Kindesmißhandlungen durch die Neuordnung der Strafprozeßordnung entgegen, *die dem Beschuldigten erhebliche Rechte einräumen.* Bereits zu Beginn einer Vernehmung muß jeder Beschuldigte von der Polizei darauf aufmerksam gemacht werden, daß er die Aussage verweigern darf. Die Kinder selbst und der nicht beteiligte Elternteil können ihre Aussage verweigern. Selbst wenn sie zunächst ausgesagt haben, können sie später vor Gericht schweigen. Nach der Strafprozeßordnung bedarf aber nicht nur die Vernehmung des Kindes der Zustimmung der Eltern, sondern auch seine körperliche Untersuchung, die natürlich verweigert wird, wenn sich die Eltern strafbar gemacht haben. Ältere Kinder müssen ausdrücklich schon von der Polizei auf ihr Aussageverweigerungsrecht hingewiesen werden, und wenn bei krassen Fällen ein gesetzlicher Pfleger bestellt wird, der anstelle der schuldigen Eltern die Aussagegenehmigung erteilen soll, vergeht häufig eine lange Zeit, so daß die Spuren der Mißhandlung beseitigt werden können. So liegen bei der Hauptverhandlung oft nicht einmal die Fotografien des Kindes oder die Befunde des Polizeiarztes vor, welche die Straftat eindeutig beweisen könnten." (W. Becker)

„Die Kriminalpolizei ist nicht nur berechtigt, sondern aufgrund des § 163 StPO verpflichtet, Ermittlungen durchzuführen, wenn sie vom Verdacht einer strafbaren Handlung Kenntnis erhält... Die Aufklärung der Kindesmißhandlung ist häufig sehr schwierig... Erschwerend wirken sich auch die Bestimmungen des neuen Strafprozeßänderungsgesetzes aus. ...Die Vernehmung dieser Kinder erfordert sehr viel Geduld und Einfühlungsvermögen, um den wahren Sachverhalt in Erfahrung zu bringen." (Aus einem Schreiben des Landeskriminalamtes von Baden-Württemberg, von Biermann zitiert.)
Auf einer Tagung der Sozialarbeiter in Nürnberg 1965 wurde betont, „bei der Verfolgung von Kindesmißhandlung bedeutet das oft, daß die Belehrung des Kindes nur in Gegenwart der Erziehungsberechtigten – also des vermutlichen Täters – gegeben werden darf. Unterläßt der untersuchende Beamte diesen Hinweis, dann ist es der Verteidigung ein leichtes, die Aussagen des Kindes und auch das Ergebnis der ärztlichen Untersuchung im Prozeß als null und nichtig erklären zu lassen. *Bei diesem Paragraphen scheint vergessen zu sein, daß auch das mißhandelte Kind eine Partei im Strafverfahren ist.* (Stuttgarter Zeitung Nr. 124/65.)
Auch Mende/Kirsch sprechen von „einer Anzahl höchst aufschluß-

reicher Veröffentlichungen aus Fachkreisen" zu dieser Frage. Sie erwähnen Ausführungen von dem Bundesanwalt Fritz Kohlhaas. Er „unterscheidet die auch aus unserem Fallmaterial so deutlich hervortretenden drei Gruppen von Mißhandlungen, nämlich die, von denen man gar nichts erfährt, die Fälle, die klar beweisbar sind und ‚die große und so sehr unbefriedigende Zahl der Fälle, in denen der Tatbestand mit Händen zu greifen, aber prozessual... eben nicht voll beweisbar ist'. Er schildert dann alle für den Richter sich ergebenden Schwierigkeiten... Ganz besonders warnt er vor der *Erschwerung* der Aufdeckung von Delikten durch *falsche Einschätzung rechtsstaatlicher Gedanken.*"

Schutz für das Opfer unwichtig

Genau das verteidigt der Bundesjustizminister in einem Schreiben vom April 1967 an einige Abgeordnete, die dieses Problem in der Fragestunde des Bundestages angesprochen hatten:

„Das Strafprozeßänderungsgesetz vom 19. Dezember 1964 hat aus rechtsstaatlichen Erwägungen die Pflicht zur Belehrung über das Zeugnisverweigerungsrecht, wie es in der Rechtslehre teilweise bereits vorher gefordert worden war... auch auf polizeiliche und staatsanwaltliche Vernehmungen ausgedehnt. Ob sich aus dieser erweiterten Belehrungspflicht in der Praxis wesentliche Schwierigkeiten bei der Sachaufklärung ergeben, erscheint mir noch zweifelhaft. Bereits nach früherem Recht durfte, wenn der nicht belehrte Zeuge von der Polizei oder Staatsanwaltschaft Aussagen machte, in der Hauptverhandlung aber nach Belehrung das Zeugnis verweigerte, weder die frühere Aussage vor der Polizei oder der Staatsanwaltschaft verlesen, noch der damalige nichtrichterliche Verhörsbeamte als Zeuge über diese frühere Aussage vernommen werden. Gleichwohl wird die Frage, wie sich diese und andere Vorschriften des Strafprozeßänderungsgesetzes in der Praxis der Strafverfolgungsbehörden bewähren, zur Zeit im Rahmen eines von meinem Hause in die Wege geleiteten Erfahrungsaustausches mit den Landesjustizverwaltungen eingehend geprüft." (Mende/Kirsch).

Gerade angesichts der beunruhigend großen Dunkelziffer scheint die Begründung, die Sachaufklärung sei bereits so schwierig, daß weitere Erschwerungen kaum noch ins Gewicht fallen, einigermaßen unfaßbar. Nach dem „gesunden Menschenverstand" schiene es doch besonders hier Aufgabe einer verantwortungsbewußten Obrigkeit, nach *Erleichterungen* der Sachaufklärung zu suchen, anstatt diese durch Paragraphenreiterei noch weiter zu komplizieren. Überdies entbehrt diese umstrittene Gesetzesänderung auch der Logik, jedenfalls vom Standpunkt des Nicht-Juristen. Es handelt sich doch bei dem mißhandelten Kind nicht nur um einen Zeugen, sondern um das *Opfer* eines Vergehens oder Verbrechens, und es ist überdies weiterhin in ständiger Gefahr für Leib und Leben. Die vom Minister zugesagte Prüfung des beanstandeten Paragraphen hat bis heute – neun Jahre nach dem Erlaß – zu einem bekannt gewordenen Ergebnis nicht geführt, ungeachtet aller Proteste und Vorschläge aus Fachkreisen.

Sinnvolle Maßnahmen gefordert

Der Landtag von Baden-Württemberg, der sich im Mai 1967 mit Reformen befaßte, um Kindesmißhandlungsfälle zu vermeiden oder strenger zu verfolgen, schlug vor, durch eine Einwirkung auf das Strafprozeßrecht durch andere Bestimmungen die *rechtlichen Möglichkeiten* bei der Verfolgung von Kindesmißhandlungen zu *erweitern.* Tonbandaufnahmen von den ersten Äußerungen der Kinder sollten vor Gericht zugelassen werden, damit weitere Vernehmungen eines Kindes vermieden werden. Den Vormundschaftsrichtern und den Fürsorgestellen sollten neue Möglichkeiten eingeräumt werden, die den Schutz des Kindes in besonderen Fällen – gegen das betonte ‚Elternrecht' – sichern sollten. Aufgrund dieser prozessualen Rechtslage hat Bundesanwalt Kohlhaas vorgeschlagen, das Strafprozeßrecht zu überprüfen und Möglichkeiten zu schaffen, daß der Beweis in derartigen Fällen gesichert wird. Nicht die Würdigung des Tatbestandes der Kindesmißhandlung an sich bereitet Sorgen, sondern die prozessual exakte Klarstellung und eine angemessene, nicht auf Kosten der Familie gehende Ahndung. In diesem Sinne

hat Kohlhaas empfohlen, in bestimmten Fällen die Schuld des Mißhandelnden festzustellen und abzuwarten, ob er in den nächsten Monaten und Jahren seine Mißhandlung wiederholt."
Auch der Deutsche Kinderschutzbund verlangt, „daß die Vernehmung von Kindern, wenn nicht unmittelbar, so doch möglichst bald erfolgt und auf Tonband festgehalten wird. Diese Vernehmung hat ein Richter vorzunehmen, der einen kriminalistisch geschulten Diplompsychologen zuziehen sollte, welcher gleichzeitig die Zeugnisfähigkeit des Kindes begutachten kann. Hieraus ergibt sich die Notwendigkeit, Planstellen für Psychologen zu schaffen."
Von Frau Olga Herdeegen, der langjährigen Leiterin der Familienfürsorge in München, stammt ein älterer, aber „noch durchaus aktueller Vorschlag von fürsorgerischer Seite" zur rascheren Erfassung der Fälle bei größtmöglicher Sicherheit für das Kind. „Gerade in den Tagen der Vernehmung muß für die Sicherheit des Kindes gesorgt werden." In der Großstadt „ist es z. B. möglich, sofort nach auftreten des Verdachtes die weibliche Kriminalpolizei einzuschalten. Diese vernimmt am gleichen oder am nächsten Tag das Kind in der Schule oder im Kindergarten oder holt es aus der Wohnung der Eltern ins Polizeipräsidium zur Vernehmung. Wenn Mißhandlungsspuren vermutet werden, erfolgt anschließend gleich die Vorstellung bei dem vom Gericht bestellten Sachverständigen. Nach Möglichkeit werden sofort weitere Zeugen vernommen, noch nicht aber die Beschuldigten. Sobald sich der Verdacht der Mißhandlung bestätigt hat, wird das Jugendamt verständigt, damit sofort beim Vormundschaftsgericht eine einstweilige Anordnung erwirkt werden kann, durch die das Jugendamt vorübergehend das Aufenthaltsbestimmungsrecht erhält. ...Nur wenn der Richter weiß, daß er sich auf die Angaben des Jugendamtes verlassen kann, wird er eine so einschneidende Maßnahme ohne Anhörung der Beteiligten treffen. In dem Augenblick, in dem die Eltern von der Anzeige Kenntnis erhalten, muß für eine sichere Unterbringung des Kindes gesorgt sein."
„Diese seinerzeit *überaus zweckmäßige und brauchbare Regelung* wurde *durch* die erwähnte Änderung der *Strafprozeßordnung erschwert* und läßt sich in dieser Form nicht mehr verwirklichen." (Mende/Kirsch)

Mende/Kirsch erwähnen auch Vorschläge zur Vorbeugung und besseren Erfassung der Fälle, die von aufgeschlossenen Jugendämtern kommen. So verlangt das Jugendamt Stuttgart in einem Amtserlaß die bessere Berücksichtigung folgender Gesichtspunkte: „Besondere Sorgfaltspflichten des Amtsvormundes, wenn ein Kind zeitweilig außerhalb der eigenen Familie untergebracht war – Einschaltung der Erziehungsberatung im Hinblick auf den hohen Anteil der Erziehungsschwierigkeiten unter den Mißhandelten – leichte Fälle von übermäßiger Züchtigung ernst nehmen... – rechtzeitige Hilfen für Mutter und Kind – sorgfältige Überwachung bei der Verpflanzung aus Heim oder Pflegestelle in die elterliche Familie, besondere Vorsicht bei der Aufnahme eines unehelichen Kindes in die Familie des Kindesvaters – Intensivierung der Elternarbeit in Kindergärten und Schulen – Zusammenarbeit der Dienststellen des Jugendamtes untereinander, ferner mit der Familienfürsorge, dem Gesundheitsamt, den Schulen, dem Deutschen Kinderschutzbund, Polizei und den Verbänden der freien Jugendhilfe – erhöhte Aufmerksamkeit in den Kindergärten... Maßnahmen... von *Erziehungsberatung bis zur sofortigen Strafanzeige* – Unterbringung in familienähnlich geführten Heimen, wo notwendig, auch heilpädagogische Hilfen – Entscheidung des Jugendamtes als Vormund über Rückgabe in die Familie nach gewissenhafter Prüfung nur mit Zustimmung des Amtsvertreters."

Der Deutsche Kinderschutzbund verlangt, falls ein Kind an die mißhandelnden Eltern zurückgegeben wird, eine „regelmäßige Überwachung durch Amtsarzt und Fürsorge".

Das Jugendamt Mannheim beschäftigt sich seit längerer Zeit eingehend mit dem Problem des Schutzes der Kinder vor Mißhandlungen. Man sieht hier die Möglichkeit zur Intensivierung der Arbeit vor allem in einer zentralen Bearbeitung. Durch verstärkte Öffentlichkeitsarbeit wurde eine erhebliche Zunahme der Meldungen erreicht. Aufgrund dieser Erfahrungen und einer Informationsfahrt nach Berlin, wurden 1966 in der Familienfürsorge eine leitende Fürsorgerin und zwei Spezialfürsorgerinnen eingesetzt, denen alle Mißhandlungen gemeldet werden. Durch eine zentrale Kartei wird die Überwachung erheblich erleichtert. Die beteiligten Mitarbeiter konnten durch die Spezialisierung wesentliche Erfahrungen sammeln. Durch Team-Arbeit können gerade die Fälle, in denen eine Mißhandlung angenommen wird, aber nicht nachgewiesen werden kann, eher geklärt werden.

*

Bundesrichter Max Kohlhaas: „Der Tierschutz hat es leichter als der Jugendschutz. Das geschlagene Pferd hat kein Zeugnisverweigerungsrecht. Der Tierhalter übt gegenüber seinem Hund kein Elternrecht aus, mit dem er versuchen könnte, eine Untersuchung zu verhindern. Dagegen aber, *daß gerade die hilflosen Kinder in unserer Rechtsordnung besonders benachteiligt sind,* wollen wir alle, jeder an seinem Platz, *kämpfen.* – Hier öffnet sich auch den Massenmedien wie Funk, Fernsehen und Presse ein dankenswertes Feld."
Übrigens: Der Tierschutzverein hat 800000 Mitglieder, der Deutsche Kinderschutzbund 12000!

Was tut man in anderen Ländern...

In Schweden ist die Prügelstrafe in Schulen, Heimen und Anstalten seit längerem abgeschafft. Ein Gesetz, das auch den Eltern das Schlagen ihrer Kinder untersagen soll, ist in Vorbereitung. Der Forschungsbericht von Mende/Kirsch bringt über die Lage in anderen Ländern längere Ausführungen:

In England spielen auf dem Gebiet der Jugendhilfe freie Wohlfahrtsverbände eine führende Rolle. Sie werden ausschließlich von privaten Spenden getragen. Im Vordergrund steht die vorbeugende Familienfürsorge. Personen, die ein vernachlässigtes oder mißhandeltes Kind melden, werden grundsätzlich nicht genannt. Nur selten, d.h. tatsächlich in weniger als 1% der bekannten Fälle, wurde polizeiliche oder gerichtliche Hilfe in Anspruch genommen. Es wird unter allen Umständen versucht, *Kindern innerhalb ihrer eigenen Familie zu helfen,* was natürlich nur bei höchst intensiver Betreu-

ung und fürsorgerischer Unterstützung der gesamten Familie in ihren verschiedenen sozialen Schwierigkeiten möglich ist.
Die Vorbeugung wird vor allem darin gesehen, die Familienverhältnisse zu ordnen, aus denen heraus die Mißhandlung entsteht. Dabei denkt man an Eheberatung, Müttererholung, Wohnungsbeschaffung, Arbeitsbeschaffung, Strafentlassenen-Fürsorge. Ehe an eine Strafverfolgung gedacht wird, sollten alle anderen Mittel erschöpft und alle möglichen Wege sorgfältig geprüft sein. „Auch in derart krassen Fällen wird noch immer angenommen, daß das Kind eine bessere Chance zu einer normalen Entwicklung in seiner eigenen Familie hat und daß ein Strafverfahren unweigerlich die Tendenz in sich schließt, den Zusammenhalt der Familie endgültig zu zerbrechen."

In den Vereinigten Staaten gibt es eine überwältigende Fülle von Veröffentlichungen zu diesem Thema; die steigende Zahl der Mißhandlungen brachte eine Reihe von großen Forschungsvorhaben in Gang, auch langfristig geplante und großzügig finanzierte Studien zur Vorbeugung. Dazu kommen einige extrem tiefenpsychologisch orientierte Studien zur Motivation und Persönlichkeit von Eltern und Kindern.
Seit 1962 (bis 1968) erließen 47 von 50 amerikanischen Bundesstaaten eine verschärfte Gesetzgebung, die eine Meldepflicht sämtlicher Personen vorsieht, die beruflich oder außerberuflich mit einer vermuteten Kindesmißhandlung in Berührung kommen. Die Gesetze regeln im einzelnen Art und Umfang der Meldepflicht, die sich ganz besonders an Ärzte und Krankenpersonal richtet. Es wurde erwhnt, daß *„eine Strafverfolgung* wegen der Meldung, auch wenn diese nicht zum Nachweis einer Mißhandlung führt, *ausdrücklich ausgeschlossen"* ist.

... bei uns dagegen

In der Bundesrepublik wird zwar von Behörden und sogar Ministerien zur verstärkten Mitarbeit der Öffentlichkeit dringend aufgefordert und das geringe Interesse des Publikums bedauert, gleich-

zeitig der Meldende aber mit Strafverfolgung bedroht. Es der Fähigkeit des Beamten, der die Anzeige entgegen nimmt, also dem Zufall zu überlassen, ob aus einer Anzeige eine Strafverfolgung erwächst – zitiert aus einem Schreiben des Justizministeriums Baden-Württemberg (siehe Seite 100) – ist eine wenig verantwortungsbewußte und wenig ermutigende Feststellung.
Nach der Statistik wurden im Jahr 1972 bei uns 1611 Fälle von Mißhandlungen festgestellt. Jährlich werden an die hundert Fälle mit tötlichem Ausgang bekannt. Bei der angenommenen Dunkelziffer von über 90 Prozent muß man diese Zahlen verzehnfachen. Wie angesichts all der Tatsachen, der berechtigten Kritik und der sorgfältig erarbeiteten Vorschläge der Experten ein verantwortlicher Minister sich hinter der lapidaren Feststellung verschanzen kann, daß es sich um „eine Gesinnung der Eltern handle", und der „Staat kaum helfen kann", (S. 96) bleibt unerfindlich. Tatsächlich wird gerade bei der strafrechtlichen Seite der Kindesmißhandlung, besonders anhand der Änderung der Strafprozeßordnung von 1964, in eklatanter Weise offenbar, wie wenig Schutz dem Kinde gegenüber einem übersteigerten Elternrecht durch Gesetz und Justiz – also doch vom Staat – zuteil wird. Die Schaffung eines Kindesrechtes, das bisher in unserer Gesetzgebung „vergessen" wurde, das endlich die Gleichberechtigung und Gleichwertigkeit auch des kleinsten Kindes gegenüber dem Erwachsenen feststellt, ist wahrhaft überfällig.

8. Der Rechtsbrecher wird gezüchtet

> Kriminalität scheint eine verzweifelte und destruktive Weise der Umkehr erlebter Ablehnung und Feindseligkeit gegen die Gesellschaft zu sein; Zeichen dieser Umkehrung des erlittenen Bösen in selbst vollzogenes Böses zeigen sich früh. (Moser)

Wie sich die geschilderten Erziehungsmängel und Versäumnisse auswirken, beweisen viele Beobachtungen.

„Die unheilvolle Wirkung jahrelang in der Kindheit ertragener Mißhandlungen fanden wir bei Untersuchungen von Gewalttätern, Totschlägern und Mördern, die zu einem hohen Anteil einem typischen Mißhandlungsmilieu entstammten, bestätigt. Die Bekämpfung der Mißhandlung stellt eine echte prophylaktische Maßnahme... auch für die Verhütung asozialer und allgemein krimineller Verhaltensweisen dar.“ (Elisabeth Nau)

Frau Dr. Einsele sagt über ihre Erfahrungen als Leiterin des Frauengefängnisses Frankfurt-Preungesheim: „Wie entscheidend die ersten Lebensjahre für die Entwicklung eines Menschen sind, erlebt man vor allen Dingen in einem Hause wie diesem. Fast alle Frauen, die hierher mit schweren Persönlichkeitsstörungen kommen und häufig rückfällig werden, kommen aus ganz unzulänglichen, oft katastrophalen frühkindlichen Lebensverhältnissen. Sie sind *in Heimen groß geworden,* haben ständig die Erziehungspersonen wechseln müssen, stammen aus zerrütteten Familien und haben oft sehr unzureichende Erziehungspraktiken erlebt. Genau das spiegelt sich wieder in ihren Beziehungen zu ihren eigenen Kindern. Sie haben die Neigung, auch ihren Kindern so zu begegnen, wie ihnen begegnet worden ist, mit den Erziehungsmethoden, die ihnen so sehr geschadet haben, mit Ungeduld, mit Gewalt, ohne Zärtlichkeit und ohne Liebe. Sie haben diese Gefühle fast immer, aber sie müssen geweckt werden. Es muß ihnen vor allen Dingen geholfen werden, zu zeigen, daß sie zärtlich sind und mit den Kindern zu spielen. Wir versuchen in dieser Zeit ihnen zu helfen, daß sie das leisten können, und wir versuchen auch, ihnen zu helfen, die Methoden oder die Hilfen der freien Gesellschaft für ihre Kindererziehung in Anspruch zu nehmen, Kinderheime, Säuglingsberatung, Erziehungsberatung und so weiter. Wir glauben, daß nur dadurch dieser gefährliche Zirkel, der sie selbst in diese Situation gebracht hat, durchbrochen werden kann, daß ihren Kindern das gleiche Schicksal erspart wird, und daß *dieser Kreislauf von Verkümmerung und späterer Straffälligkeit* in diesen einzelnen Fällen unterbrochen werden kann."

Forschung in den USA

In den USA ist eine ausgedehnte Forschung damit beschäftigt, sichere Anzeichen für eine beginnende Verwahrlosung und kriminelle Entwicklung bereits in möglichst frühen Lebensjahren zu ermitteln. „Erstaunlich ist", sagt Tilmann Moser, Soziologe und Psychoanalytiker, „in welchem Ausmaß die Gesellschaft diesen Kindern Zeit läßt, sich zu Kriminellen zu entfalten. Sie kümmert sich kaum um sie, solange sie Opfer sind. Erst wenn die Gesellschaft sich selbst als Opfer fühlen kann, greift sie ein. Dann aber so wie verwahrloste und unreife Eltern, die blind zuschlagen, wenn ihnen das Gezeter und die Streiche der von ihnen vernachlässigten Kinder auf die Nerven gehen, wenn das zornige Bedürfnis, sich Ruhe zu verschaffen, zum Hauptmotiv des Eingriffes wird." Aber solche Feststellungen werden hierzulande „mit Konsequenz und Beharrlichkeit ignoriert".

Aufgrund von umfassendem Material aus amerikanischen Forschungen stellt Tilmann Moser weiter fest: allzu lange sei kriminelles Verhalten als ein biologischer oder psychologischer, also ein von Geburt an vorhandener Defekt des einzelnen gesehen worden. Die Untersuchungen erweisen aber, daß die kriminelle Neigung ihre Wurzeln in der Familiensituation hat. Jugendkriminalität in ihrer schweren und dauerhaften Form ist weitgehend in der Unterschicht lokalisiert; besonders Banden-Kriminalität wird – jedenfalls in den USA – als Slum-Kriminalität gesehen. Unsere Gesellschaftsstruktur übt einen anhaltenden Druck auf diese Unterschicht-Familien

aus. Eben dieser Druck bedingt auch eine auffallend große Zahl seelisch gestörter Menschen.
Diese besonderen Belastungen werden nicht erst wirksam, wenn sie als Mangel an wirtschaftlichen Möglichkeiten für die Jugendlichen bei deren Eintritt ins Erwachsenenalter offenbar werden, sondern bereits viel führer. Sie beeinflussen ihre Kindheit von Anfang an dadurch, daß schon Reifung und normale Entwicklung der Eltern eingeschränkt oder gestört wurden. „Tatsächlich haben wir hier einen über mehrere Generationen hinwegreichenden Prozeß der Ich-Einschränkung, der Verkümmerung von seelischen Funktionen."

Der Deliquent im Werden

Die Forschungen des nordamerikanischen Ehepaares Sheldon und Eleanor Glueck haben in geradezu umwälzender Weise zur Klärung des umstrittenen Fragenkomplexes beigetragen, inwieweit Anlagen oder Umwelteinflüsse für eine kriminelle Entwicklung verantwortlich zu machen sind. Niemals, so weisen sie nach, können Rechtsbrüche auf nur eine Ursache zurückgeführt werden; sie sind vielmehr das Ergebnis einer Reihe ineinander verschränkter Faktoren.
Die Gluecks widmeten mehr als 40 Jahre der Prognoseforschung, also der frühzeitigen Voraussage, ob ein Kind den Weg zu gesetzeswidrigem Verhalten einschlagen und im späteren Leben fortsetzen wird. Zweck dieser Untersuchungen ist die *Verhinderung der* jugendlichen und damit auch der Erwachsenen-*Kriminalität* durch frühzeitiges Erkennen und erfolgreiches Entgegenwirken. Ihr Hauptwerk „Unraveling Juvenile Delinquency", auf deutsch etwa „Entflechtung der Jugendkriminalität", wurde in viele Sprachen übersetzt, unter anderem ins Japanische; in Japan wurde es an alle Richter, Staatsanwälte und Bewährungshelfer verteilt (Hans Joachim Schneider). In deutscher Übersetzung erschien bisher nur eine Kurzfassung dieser Arbeit mit dem wenig aussagenden Titel „Jugendliche Rechtsbrecher" (englisch „Delinquent in the Making").
Die Untersuchungen beruhen auf einer Auswahl von 500 kriminellen Kindern und Jugendlichen aus den Slums von Boston in Massa-

chusets, USA. Diesen wurde eine Kontrollgruppe von 500 nichtkriminellen Jungen gegenübergestellt, im gleichen Alter, – zwischen 9 und 16 Jahren – mit dem gleichen Intelligenzgrad, aus der gleichen Slum-Umgebung, mit etwa den gleichen elterlichen Verhältnissen. Die Beobachtungen erfolgten über einen längeren Zeitraum in drei Perioden:
a) bis zum 17.,
b) bis zum 25. und
c) bis zum 31. Geburtstag.
Das Bedeutungsvolle an den Glueck'schen Untersuchungen ist die Erkenntnis, *in welch frühem Alter* bereits der Keim für die kriminelle Entwicklung gelegt und feststellbar ist. Mehr als ein Viertel der jugendlichen Rechtsbrecher erschien schon im Alter von weniger als 11 Jahren vor Gericht, die Hälfte lieferte mit 7 Jahren (nach neuesten Untersuchungen sogar schon mit 5 Jahren) Beweise mangelhafter Anpassungsfähigkeit. In einer Kontrolluntersuchung von anderer Seite wurden 85,1 Prozent richtige Voraussagen für rechtswidriges, delinquentes Verhalten und 96,4 Prozent für ordnungsgemäßes Verhalten ermittelt.
Natürlich muß nicht die vorausgesagte negative Laufbahn als unausweichlich angesehen werden. Korrekturen sind aus den einen oder anderen Gründen immer möglich. Das Grundsätzliche bleibt davon aber unberührt.
In den Untersuchungen der Gluecks wird vom Elternhaus ausgegangen, Heimaufenthalt oder andere außerfamiliäre Erziehung wird nur am Rande erwähnt, ist aber eingeschlossen. Als wesentlich für den formenden Einfluß wird die Familienstruktur gesehen. „Gerade weil die Familie die Institution ist, ...die dem Kinde erstrangig die höheren Werte vermittelt, kann der Mangel an familiärer Geschlossenheit bei einem Kind zu einem Mangel an jeder ethischen Verankerung werden und ihm eine wirre und widerspruchsvolle Wertskala vermitteln."
Zahlen aus den gleichen Untersuchungen zeigen, in welcher Weise ein unharmonisches Familienleben sich auswirkt. Kinder aus Familien ohne rechten Zusammenhalt gerieten danach fast ganz auf die schiefe Ebene. Den nächsthohen Prozentsatz an späteren Kriminellen stellten die Kinder, die von der Mutter nicht geliebt wur-

den (86%); auch die unbeaufsichtigten Kinder, die tun und lassen können, was sie wollen, erwiesen sich als besonders gefährdet (83%); dann folgen die vom Vater nicht geliebten oder viel geschlagenen Kinder (ca. 75%).

Warum geraten sie auf die schiefe Ebene?

Welche Faktoren bestimmen nun im einzelnen die antisoziale Entwicklung eines Kindes? Warum sind die 500 Jungen der Vergleichsgruppe, die unter den gleichen äußeren Bedingungen aufwuchsen, gesetzestreu und blieben es zum weitaus größten Teil auch im Mannesalter? Tatsächlich sind die Voraussetzungen – wir sagten es schon – äußerst komplex; sie liegen auf verschiedenen Gebieten.

Bei den auffälligen Jungen überwiegen eine ganze Reihe von negativen Einzelpunkten, die zwar alle auch bei der Kontrollgruppe vorkommen, hier aber nur in sehr geringem, dort in starkem Ausmaß. Es zeigte sich, daß die Mütter der kriminellen Jugendlichen selbst in zerrütteten Verhältnissen aufgewachsen waren, mehr noch als die Väter. *Die Mütter sind eben wesentlich für die Entwicklung der Kinder.* In sehr viel höherem Ausmaß als die der Nichtkriminellen Kinder litten diese Mütter auch an körperlichen, geistigen oder psychischen Störungen oder auch an Trunksucht. Sie waren weniger intelligent, hatten wenig Schulunterricht genossen und waren in ihrer Jugend vielfach selbst mit dem Gesetz in Konflikt gekommen. Auch die Väter versagten weit öfter in der Wahrnehmung ihrer Familienpflichten und in der Gestaltung eines annehmbaren Verhältnisses zum Sohn. Beide Eltern meisterten ihre familiären wie finanziellen Pflichten weit schlechter als die der Kontrollgruppe, waren stärker auf die Fürsorge angewiesen, kauften planlos auf Schulden, hatten keinen Zeitplan im Alltagsleben; die Ehen waren unstabil, Scheidungen häufig.

„Es ist wahrscheinlich, daß der erste wirkliche Bruch im organischen Gefüge einer Familie für ein Kind entscheidend ist. Denn er ist geeignet, der Vorstellung eines Kindes von der Einheit und Verläßlichkeit des elterlichen Teams den größten Schlag zu versetzen

und sein Gefühl von Sicherheit und Beständigkeit im Schoße der Familie zu zerstören."
Nur die Hälfte der kriminellen Jungen wurde ohne Unterbrechung von einem oder beiden Elternteilen aufgezogen, wie überhaupt das Verhältnis der Jungen zu ihren Familien weitgehend bar aller Zuneigung zu Eltern oder Geschwistern war. Diese Jungen erwiesen sich in ihrer Gesamtheit also „in ungewöhnlichem Maße als die Opfer von unbeständigen und durch und durch zerfallenen Elternhäusern". Sie hatten in viel größerem Umfang als die andere Gruppe auch Stief- oder Pflege-Eltern oder lebten bei Verwandten. In der Schule blieben die jungen Delinquenten als Gruppe mit ihren Leistungen durchschnittlich ein Jahr hinter den anderen Jungen zurück – trotz gleicher Intelligenz. Viele rissen von zu Hause aus und wurden in Heimen, Sonderschulen und Erziehungsanstalten untergebracht. Lehrer klagten über „ein anhaltendes und oft schwerwiegendes Fehlverhalten". Die meisten bummelten noch nach Dunkelwerden auf den Straßen herum; 90 Prozent begannen früh mit Rauchen, ein Drittel mit zehn Jahren mit Trinken, zwei Drittel fielen durch zerstörerischen Unfug auf und neigten zum Anschluß an Banden. Wie entwickelten sich nun diese Jugendlichen, denen eine antisoziale Laufbahn vorausgesagt war, in der Spanne von Pubertät zum frühen Mannesalter? Es zeigte sich eine Zunahme von Neurotikern und Psychopathen. Die Stellung dieser jungen Leute als Familienväter erwies sich als wenig positiv – sie traten in die Fußtapfen der eigenen Väter: Frühe, unüberlegte Heiraten, keine Planung in der Ehe, häufige Scheidungen, uneheliche Kinder. Sie waren vorwiegend mit Kriminellen befreundet.

Unzuverlässige Arbeitskräfte

Aufschlußreich sind die Arbeitsleistungen der ehemals delinquenten Jugendlichen: viele begannen schon mit 15 oder 16 Jahren zu arbeiten; sie blieben weitgehend ungelernte Arbeiter und zeigten auch späterhin wenig Interesse an einer Verbesserung ihrer beruflichen Möglichkeiten. Sie galten gemeinhin als schlechte Arbeiter, als unzuverlässig, faul, desinteressiert.

Die Gluecks stellen dazu fest: es ist eine wahrhaft bemerkenswerte Tatsache, in welch geringem Ausmaß die Berufsausbildung, die den kriminellen Jugendlichen in den Erziehungsanstalten zuteil wurde, von ihnen nach ihrer Entlassung praktisch genutzt wurde. 39 Prozent hatten überhaupt keine Ausbildung erhalten. „Noch schwerer aber wiegt die Tatsache, daß von denen, die eine solche Ausbildung erhielten, 80,9 Prozent sie nicht nutzten."
Diese Aussage gilt natürlich für die Vereinigten Staaten. Leider ist das Bild bei uns kaum positiver.

Anstaltsaufenthalt wenig erfolgreich

Der praktische Wert eines Anstaltsaufenthaltes wird überhaupt auf das energischste in Frage gestellt. Die Jungen, die schon in früher Jugend delinquent waren, setzten als Männer ihren abweichenden Weg zum größten Teil fort. Dabei lebten an ihrem 17. Geburtstag nur knapp vier Prozent von ihnen frei in der Gesellschaft; 30,4 Prozent waren in Erziehungsanstalten untergebracht, die übrigen befanden sich unter verschiedenen Arten von Kontrollen.
Die Kriminalität nahm zwar mit zunehmendem Alter ab. Entschieden weisen die Gluecks aber den Gedanken zurück, dieser Rückgang sei durch den Anstaltsaufenthalt erreicht worden. Durch Inhaftierung würde allein ein vorübergehender Schutz der Gesellschaft gewährleistet, weil eben in dieser Zeit die Gelegenheit zum Begehen von Verbrechen unterbunden ist. Die Abnahme der kriminellen Neigungen mit fortschreitendem Alter wird vielmehr mit dem Reifegrad der einzelnen Personen begründet, die sich in ihren späten zwanziger oder frühen dreißiger Jahren doch noch in die Gesellschaft einfügten und von sich aus genügend Standfestigkeit entwickelten. Alle Bemühungen des Rechtsapparates dagegen, mit Polizei, Gefängnissen und Überwachungssystemen, zu „reformieren" und zu „resozialisieren" (genau gesagt „sozialisieren") oder auch nur „abzuschrecken" werden gering eingeschätzt gegenüber der Wirkung der Zeit, die schließlich zur Erreichung einer ausgewogenen Persönlichkeit führt.

Frühzeitiges Erkennen ist wichtig

Die Gluecks bezeichnen als Zweck ihrer Arbeiten, wie gesagt, ausdrücklich die *Unterdrückung und Verhinderung der Kriminalität.* Das bedeutet frühzeitiges Erkennen des werdenden jugendlichen Rechtsbrechers, dem ein überlegtes Eingreifen zur Verhinderung dieser Karriere folgen muß. Das steht jedenfalls fest: zu der Zeit, da ihn beamtete Personen und Institutionen in die Hand bekommen, haben sie es bereits *mit einem „fertigen Produkt"* zu tun. Das gilt auch für den Jugendrichter. Darum ist es von entscheidender Bedeutung, daß die *Verhinderung des Verbrechens bereits in einem sehr frühen Stadium des Lebens* in Angriff genommen wird, wenn therapeutische Maßnahmen noch am ehesten Erfolg versprechen.
Sehr viel schärfer formuliert Tilmann Moser die gleichen Forderungen: „Es steht außer Zweifel, daß die Chancen der Abwendung einer kriminellen Entwicklung um so größer sind, je früher der Eingriff liegt... Ausmaß und Gewicht der in dieser Arbeit diskutierten Forschungsergebnisse sind inzwischen längst ausreichend, um es als absurd erscheinen zu lassen, Resozialisierung in Form einer um Jahrzehnte zu spät kommenden Groteske nach der endgültigen Asozialisierung durch die Strafe zu veranstalten." Und „das Leiden der in unserer Gesellschaft benachteiligten Kinder ist unter anderem abgeschirmt durch *familienrechtliche Gesetze,* die *Hunderttausende von Kindern Eltern überlassen, die nicht die Fähigkeit erworben haben, sie ohne schwere Deformationen zu erziehen".*
Die Aufgabe der Gesellschaft ist eindeutig: endlich den Teufelskreis zu durchbrechen, endlich den *zerstörenden Einfluß* auf die Kinder *durch Eltern zu unterbinden,* die ihrerseits bereits gestörte Persönlichkeiten sind. Es springt ins Auge, wie sehr das von den Gluecks sorgfältig untersuchte destruktive Familienmilieu amerikanischer Slums auch wieder dem gleicht, das wir aus den Forschungsarbeiten von Mende/Kirsch und anderen Autoren über Kindesmißhandlungen kennen, und das ausdrücklich als Nährboden für diese Mißhandlungen bezeichnet wurde.

9. Vererbung von Not und Isolierung

Auch Untersuchungen bei uns in entsprechenden Slum-Siedlungen bestätigen bei aller grundsätzlichen Verschiedenheit der Verhältnisse in Deutschland und den USA weitgehend die Glueck'schen Schlußfolgerungen. Und zwar ist Wohnungsmangel das Gebiet, auf dem sich auch in der wohlhabenden Bundesrepublik Armut noch schwer und nachhaltig auswirkt. Zu enge Wohnungen, sagen auch die Gluecks, begünstigen die Entwicklung zur Kriminalität. Die Kinder, die hier aufwachsen, werden von frühauf zwangsläufig mit den negativen Seiten menschlichen Zusammenlebens konfrontiert.

Wohnungsnot – Ursache vieler Mißstände

Wie sehr auf diesem Gebiet wieder alleinstehende Mütter mit ihren Kindern benachteiligt sind, wurde bereits dargestellt. Und in dem Kapitel über Mißhandlungen wurde darauf hingewiesen, wie sehr alle Fachpublikationen die unverantwortlichen Wohnungsverhältnisse, vor allem den *unzureichenden* Wohnraum als einen der Hauptgründe für dieses Delikt betonen. Der Forschungsbericht von Mende/Kirsch stellt fest, die von ihnen untersuchten Fälle spielten sich vor allem in Barackensiedlungen ab und seien geradezu auf einem Stadtplan einzuzeichnen. „In den Städten", sagt Günther Bauer, „wird die Kindesmißhandlung vor allem durch die räumliche Enge der Wohnungen... und den Zwang, dauernd in dieser Enge zu leben, erheblich begünstigt... Auch bestehen meist keine Kinderzimmer..., in denen das Kind sich ohne Störung der Erwachsenen betätigen kann. Kommt noch eine Berufsausübung der Mutter hinzu, wird das Kind zum reinen Störungsfaktor, wenn die Eltern ihre Berufsarbeit beendet haben und überreizt und nervös nach

Hause kommen. Wir finden daher vielfach bei Mißhandlungsfällen Überreizung und Nervosität als Folge großer Beengtheit angegeben, was die Gerichte dann in vielen Fällen veranlaßt, die Strafen zu mildern. Es handelt sich überdies vielfach um Familien, die in Obdachlosen-Unterkünften untergebracht sind oder sonst behelfsmäßig so wohnen, daß für zwei Erwachsene und vier bis fünf kleine Kinder zwei Räume zur Verfügung stehen... Man braucht sich dann nicht zu wundern, daß es zu Mißhandlungen kommt. Auch wenn die Eltern diese Zustände verschuldet haben, wird man im Interesse der Kinder für Abhilfe sorgen müssen. Ein guter Teil aller Fälle von Kindesmißhandlung kommt in diesem Milieu vor."

Bei jugendlicher Fehlentwicklung

In ihrer ganzen Vielfalt wirkt sich die Wohnungssituation in den Obdachlosen-Siedlungen am Rande der Großstädte aus, wo Kinderfeindlichkeit, rücksichtslose Geldgier, unfähige Planung die Betroffenen in einen unentrinnbaren Teufelskreis führen. Naturgemäß werden von solchen Fehlleistungen Kinder und Jugendliche am nachhaltigsten getroffen.

Gettos – Randzonen des Elends

In einem sehr bemerkenswerten Buch „Ghetto ohne Mauern", fassen die beiden Autoren, Henner Hess, Psychiater, und Achim Mechler, Soziologe, das Ergebnis von Untersuchungen zusammen, die sie in der Randsiedlung „einer Süddeutschen Großstadt" machten. Nach verschiedenen Schätzungen kam man 1969 auf über eine Million Menschen, die in der Bundesrepublik noch in Notunterkünften hausten. „Und dennoch sind sie nur der am härtesten vom Wohnungselend betroffene Kern einer viel größeren Gruppe."
Viele weiteren Wohneinheiten haben kein Bad, keine Küche, kein Wasserklosett, „und befinden sich zudem oft in Bretterbuden, Wohnlauben oder Gebäuderesten". Die Menschen hier „leben in einer *Subkultur der Armut*, deren soziale, psychische und kulturelle

Merkmale überall bemerkenswert ähnlich sind, weil eben auch die ihnen zugrunde liegenden wirtschaftlichen Gegebenheiten überall die gleichen sind: Arbeitslosigkeit, Unterbeschäftigung, Verrichtung unqualifizierter Arbeit, Mangel an Ersparnissen, dauernde Geldknappheit, Zwang zu ständigem gegenseitigem Borgen unter Nachbarn.
...Gerade das Phänomen der Obdachlosigkeit kann als Beispiel dafür dienen, daß das *Abdrängen der Leistungsschwachen in Randzonen des Elends* seine Begründung in den Mechanismen der Erwerbswirtschaft hat... Wohnhäuser werden von Bürohäusern verdrängt, die eine höhere Rendite abwerfen, ...Familienwohnungen werden durch Appartements ersetzt. Im Bereich der Wohngelegenheiten minderer Qualität müssen Familien und vor allem alte Mieter Gastarbeitern und Studenten weichen, die der Wucherer am rücksichtslosesten auspressen kann. Wo Einkommensschwache noch in Normalwohnungen leben, da bedeuten die staatlichen *Wohngeldzuschüsse* und die Übernahme der Miete durch das Sozialamt in vielen Fällen nichts anderes als die *Umverteilung eines Teils des Steuereinkommens auf die Grund- und Hauseigentümer*... Aus der Zahl der Armen, die über das ganze Stadtgebiet verteilt sind, werden dadurch mehr und mehr – vor allem *kinderreiche Familien,* Jungverheiratete, *unverheiratete und geschiedene Mütter mit ihren Kindern,* Alte – in geographischen Randzonen konzentriert, dort wo der Boden am billigsten ist, in der Nähe von *Fabriken, Kasernen, Müllkippen, ...Tierasylen, Autofriedhöfen und Rieselfeldern.* Aus der geographischen wird eine *soziale Isolierung.* Die zusätzlichen Nachteile einer solchen Ghettobildung liegen zunächst auf sozialpsychischem Gebiet, nämlich in den erweiterten Möglichkeiten der Stigmatisierung einer Minorität, an deren ursprünglich nur durch Armut bedingte Ghettoexistenz sich einige typische Vorurteile heften, darunter die Zuschreibung schwerer Kriminalität."

Stigmatisierung als Folge der Umgebung

Was das bedeutet und wie frühzeitig eine solche, in ihren Konsequenzen überhaupt nicht zu überschätzende Abwertung Fuß fassen kann, geht auch aus einer anderen Untersuchung hervor, die die Stadt München über die vieldiskutierte Obdachlosen-Siedlung Hasenbergl-Nord, in Auftrag gab. (Obdachlose ist hier nach dem allgemeinen Sprachgebrauch eigentlich irreführend, da es sich ja nicht um Vagabunden, sondern meistens um Familien handelt, die aus irgendwelchen Gründen ihre bisherigen Wohnungen räumen mußten.) Hier, im Norden Münchens, wurden noch in den Jahren 1963 bis 66 anstelle abgerissener Baracken 720 „Unterkunftseinheiten" erstellt. Die diesem Bauvorhaben zugrunde liegenden Vorstellungen der Verantwortlichen bleiben dem „Normalbürger" unverständlich. In den Häusern stehen Ein-, Zwei- und Drei-Raum-Unterkünfte zur Verfügung, die je nach Personenzahlen vergeben werden.

In der Wohnküche, die jeweils als Raum rechnet, ist ein Kohleherd die einzige Heizmöglichkeit, ein Kaltwasserausguß die einzige Gelegenheit für Spülen, Waschen und Körperpflege für die ganze Familie. Ein Gemeinschaftsklosett für mehrere Familien befindet sich außerhalb der Wohnung. Durch Aufteilung der einzelnen Räume auf mehrere Unterkünfte werden Kinder und Jugendliche – 48% der 2600 Einwohner sind Jugendliche unter 18 Jahren – von der Familie getrennt, Gebühren für Strom und anderes fallen doppelt an. Weitere Folgen des Wunsches, die Unterkünfte so billig wie möglich zu errichten, sind: hoher Verbrauch an Heizmaterial, hohe Luftfeuchtigkeit in den Räumen, feuchte Wände, Hellhörigkeit.

„Offiziell sind die Unterkünfte als ‚Übergangsheime' gedacht. Tatsächlich leben aber die ‚Unterkunftsnehmer', die ihre normale Wohnung verloren haben oder als junge Familien noch nie eine hatten, auf Dauer in den Primitivwohnungen der Siedlung. 36% aller Haushalte sind seit über 10 Jahren in München als Obdachlose registriert, weitere 33% leben zwischen 5 und 10 Jahren in dieser oder einer anderen Obdachlosen-Siedlung. Wohnungslos gewordene Familien mit geringem Einkommen, Kinderreichtum, Krankheit des Ernährers oder anderen sozialen Problemen haben infolge des Wohnungsmangels, der hohen Mietpreise und dem Vorurteil von Vermietern gegenüber ‚Obdachlosen' kaum eine Chance, eine Normalwohnung zu finden." (Höbel/Seibert)

München verfügt über 15 derartige Wohnanlagen; Hasenbergl-Nord ist eine der größten in der Bundesrepublik. Heute werden bereits Forderungen laut, diese Siedlung wieder abzureißen – 7 Jahre nach Erstellung der letzten Bauten. Durch Umbau und eine Reihe weiterer Maßnahmen könnten aber vielleicht auch schon die ärgsten Mängel beseitigt werden. Jedenfalls liegt hier ein eklatantes Beispiel für die Vorstellung von „sozialen" Maßnahmen wie für eine unverantwortliche Vergeudung von Steuergeldern vor.
Die Untersuchung der Stadt München stellt bereits die Frage, ob es richtig ist, unverschuldet in Not geratene Menschen gemeinsam mit Personengruppen von asozialer Tendenz in der gleichen Wohnsiedlung zusammenzufassen. Die sozialen Auswirkungen solcher Maßnahmen wurden in einer soziologischen Studie untersucht. Um „allgemein gültige Tendenzen und Zusammenhänge in möglichst unverzerrter Form zu ermitteln", wurde eine Analyse von Klassenaufsätzen zugrunde gelegt, die in den Schulen von zwei benachbarten Wohnanlagen geschrieben wurden. Die Kinder der Obdachlosen-Siedlung Hasenbergl-Nord (früher Frauenholz) besuchen gemeinsam mit den Kindern einer ebenfalls neu errichteten Siedlung „Hasenbergl" mit normalen Sozialwohnungen eine Volksschule und zwei Sonderschulen. An 2098 Aufsätzen dieser beiden Gruppen von Kindern wurden „auf Grund der besonderen Thematik" die Ergebnisse ermittelt. Die aufgegebenen Themen bezogen sich auf die entsprechenden Fragestellungen, zum Beispiel: „Unsere Nachbarn im Hasenbergl/Unsere Nachbarn im Frauenholz." Die Möglichkeit, sich über die jeweiligen Nachbarn zu äußern, stellte für die Kinder einen Reiz dar, der sie zu einer Fülle von Äußerungen anregte.

Überheblichkeit der Nachbarskinder

Für die Kinder der Normalsiedlung ist schon das äußere Bild der Nachbarsiedlung, der bauliche Zustand, der mit dem Menschenbild identifiziert wird, Grund zu häufiger Abwertung. Sie selbst fühlen sich einer besseren Menschengruppe zugehörig. „Dieses Selbstbild steigert sich häufig zu einer Überheblichkeit, die zu einer Abwertung der Nachbarn in den Unterkünften als Menschen minderer Qualität führt." Negatives Verhalten der Nachbarn wird oft nur vermutet; sie sind aufgrund ihrer Gruppenzugehörigkeit abwertend kategorisiert, als „asozial, streitsüchtig, arbeitsscheu, Trinker".

Ein negatives Ich-Bild

Die Kinder der Randsiedlung Hasenbergl-Nord sind sich dieser Abwertung und ihrer „Stigmatisierung" durchaus bewußt. „Ihr Selbstbild ist vom *Gefühl der eigenen Unterlegenheit* bestimmt. Man sieht sich als Gruppe, die in vielen Dingen benachteiligt ist und nur mit der Geringschätzung der anderen rechnen kann." Dieses Bewußtsein zeigt sich in Vorurteilen gegen die, die in besseren Bedingungen leben. 40% der Siedlungskinder bezeichnen die anderen als „hochnäsig, arrogant, überheblich".
Tatsächlich sind die Siedlungskinder in ihrer sozialen Entwicklung hinter der anderen Gruppe erheblich zurück. Bei der Einschulung wurden 24% von ihnen zurückgestellt gegen nur 5% der anderen Gruppe, „weil ihre Fähigkeit zur Anpassung an eine Gruppe Gleichaltriger noch nicht entsprechend ausgeprägt ist" – *bei grundsätzlich gleicher Intelligenz.*
Das Auffallende bleibt, in welch frühem Alter bereits die Kinder die Vorurteile von den Erwachsenen übernehmen, gefühlsmäßige Abwertung auf der einen Seite, was für das ganze Leben bestimmend bleibt und später sogar die Einschätzung durch Behörden und Gerichte beherrscht. Auf der anderen Seite: *„Ausbildung eines Gruppenbewußtseins"* – als Folge von dem Verhalten der Umgebung – und „sozial negativer Gruppennormen"; und im letzten Ergebnis eine „Verstärkung der sozial desintegrierenden Tendenzen", das heißt also eine *weitere Verschärfung der sozialen Gegensätze.*

Untersuchung der Ursachen

Auf Grund von Unterlagen des Sozialamtes, von Kinderheimen und Gerichten und zahllosen Gesprächen mit den Einwohnern wird in

„Ghetto ohne Mauern“ die Familiensituation in einer solchen Obdachlosen-Randsiedlung einer Untersuchung unterzogen und dem Phänomen der „Vererbung der Armut und der Isolation von Generation zu Generation“ nachgegangen.
Am Anfang stehen auch hier wieder die zu engen Wohnungen, die nach der Statistik nicht nur überbelegt, sondern überfüllt sind; als überbelegt gilt eine Wohnung, wenn sie mehr als zwei Personen pro Raum, einschließlich Küche, beherbergen muß. Die Wohnungen sind in miserablem Zustand, niemand fühlt sich zuständig für Reparaturen. Das Einkommen reicht meistens nur für die dringendsten Bedürfnisse aus. Nachdrücklich wird auf das unsoziale Steuersystem hingewiesen, die Nahrungsmittel und die notwendigsten Konsumgüter sind mit hohen indirekten Steuern belegt, „und wer sein Einkommen ausschließlich für diese Güter ausgeben muß, auf dem lastet der stärkste Druck der indirekten Steuern“. Langfristige Konsumgüter müssen mit Ratenzahlungen „abgestottert“ werden. „Skrupellose Geschäftemacher nutzen diese Notsituation aus, weil sie mit Ratenkäufen höhere Gewinne machen können.“
Nach sorgfältiger Prüfung vorliegender Schätzungen kommen die Verfasser zu der Feststellung, daß der Anteil der Armen in der BRD, die nicht mehr zum Leben haben als das vom Bundes-Sozialhilfegesetz definierte Existenzminimum, bei 13 Prozent liegen könnte, das sind etwa sieben Millionen Menschen. Von anderen Autoren, „die durchaus keine kritische Absicht verfolgen“, werden sogar noch höhere Zahlen angenommen.
In solchen Verhältnissen und der hier geschilderten Umgebung werden mehr Kinder groß als anderswo. Für die 80 Mütter der „Grenzgewannsiedlung“, wie die Verfasser ihr Untersuchungsgebiet bezeichnen, ergibt sich eine durchschnittliche Kinderzahl von 4,3 (normal 1,6). Wir finden hier auch die übliche Kleinfamilie seltener vertreten. Junge Ehepaare, ein hoher Prozentsatz von „Muß“-Ehen – 88% gegenüber normal 30% – und viele ledige Mütter leben zusammen mit Eltern und Verwandten. Nur selten gelingt den Jungen der Sprung aus der verrufenen in eine bessere Wohngegend.
Auffallend ist der allgemein schlechte Gesundheitszustand der Frauen, insbesondere der werdenden Mütter. Die Frauen sind schon

durch häufige, rasch aufeinander folgende Geburten und durch psychische und physische Überbelastung geschwächt (§ 218!). Sogar in den Akten der Fürsorgebehörde ist die Rede von „einem reduzierten Allgemeinzustand der Schwangeren, von hochgradiger Infektabwehrschwäche und vegetativen Regulationsstörungen". Hausgeburten sind ungewöhnlich häufig; die Frauen meiden einen Klinikaufenthalt. Damit entfallen aber auch für die Neugeborenen die ersten Routine-Untersuchungen und die Erkennung und mögliche Frühbehandlung angeborener Schäden. Die Eltern ziehen sowieso, selbst bei schweren Erkrankungen oder Verletzungen ihrer Kinder, einen Arzt kaum zu Rate.

Abgelehnt und verängstigt

Viele Kinder haben nicht den Ehemann der Mutter, sondern einen anderen Mann zum Vater. Dem Kind bleibt oft nicht verborgen, daß es für Mutter und Stiefvater eine Belastung darstellt. Oder das Kind war, weil vor der Ehe geboren, nicht von Anfang an bei der Mutter, darum kann sie zu ihm nicht die gleichen Beziehungen herstellen wie zu den anderen Kindern (Heimaufenthalt). „Am bedeutsamsten bleibt das Gefühl des Kindes, von seiner unmittelbaren Umgebung – besonders von der Mutter – abgelehnt zu werden... Das angstvolle Bewußtsein, von der Mutter verlassen zu sein, gehört zu den häufigsten frühen Erfahrungen der Siedlungskinder." Bei den schlechten wirtschaftlichen Verhältnissen und der räumlichen Enge kommen die Frustrationen der Erwachsenen, das heißt, das Gefühl, als zweitrangiger Mensch behandelt zu werden, besonders häufig in einem aggressiven oder lieblosen Verhalten den Kindern gegenüber zum Ausdruck, was die Mißhandlungen gerade in dieser Umgebung eher begreifbar macht. Die jähzornigen Ausbrüche der Männer lassen sich auch dadurch erklären, daß sie noch stärker als die Frauen den frustrierenden Erfahrungen in der außerhäuslichen Umwelt ausgesetzt sind; das gilt vor allem für das Gefühl der Unterdrückung am Arbeitsplatz in untergeordneter Tätigkeit. Die explosiv ausbrechenden Aggressionen entladen sich dort, wo es ihnen möglich ist, nämlich zu Hause. Die Kinder sind solchen an-

scheinend unmotivierten Szenen ausgesetzt oder erleben sie mindestens als Krach zwischen den Erwachsenen. Vermehrter Alkoholgenuß, auch als Frustrationsbewältigung zu verstehen, verschlimmert die Situation. „...da hat er damals in dem kleinen Alter was mitbekommen und hat mir lang ins Bett gemacht. Es war eigentlich furchtbar... wenn er dann gemerkt hat, daß der Vater kommt, hat er schon angefangen zu zittern."
Gleichzeitig werden den Eltern Schuldgefühle wegen ihres unangemessenen Verhaltens bewußt, was dann zu ebenso unangemessener Verwöhnung führt, eine Haltung, die ebenfalls typisch für Siedlungsfamilien ist. Natürlich erfahren nicht alle Kinder der Randsiedlung Ablehnung durch die Eltern. Viele Kinder werden auch hier angenommen und liebevoll versorgt – soweit das verstanden wird und überhaupt möglich ist. Aber auch diese Kinder erleben ihre vorschulische Kindheit, ohne in dieser wichtigsten Zeitspanne die für das spätere Leben notwendigen Fähigkeiten und Verhaltensnormen erlernen zu können. Ihnen wird oft eine unüberlegte, unausgeglichene Erziehung zuteil, die auch *die auf die Schule hinführenden Bildungselemente nicht enthält.* Der Besuch des Kindergartens, der hier besonders notwendig wäre, wird häufig abgelehnt. Die Eltern fürchten die Erfahrung der Diskriminierung für ihre Kinder schon vor der Schule; aber auch eine wirtschaftliche Belastung von 40 bis 50 Mark pro Monat und Kind ist einfach meistens nicht tragbar.

Die Schulen versagen

„Von Anfang an ergaben sich Zweifel, ob unser Schulsystem in diesem Fall seinen Aufgaben gerecht wird." Von 94 schulpflichtigen Kindern verteilen sich 37 (39,4%) auf zwei Sonderschulen. Der Prozentsatz der Sonderschüler im Gesamtdurchschnitt der Stadt beträgt 4,2% (s. auch S. 82). Von den 57 Volksschülern sind 21 mindestens einmal sitzengeblieben. „Aus diesen Zahlen ergibt sich ein *eklatantes Versagen* sowohl des Kindes aus der Grenzgewannsiedlung wie *auch der Schule als Institution der Sozialisierung*. Es kann nur immer wieder darauf verwiesen werden, daß die weitverbrei-

tete Ansicht, die Schule müsse die Chancengleichheit verwirklichen, von verschiedenen Aspekten her ein Irrtum ist. Für das Versagen des Kindes werden hier drei Gründe angegeben: 1. die mangelhafte Vorbereitung durch die Eltern; 2. die Behinderung durch wirtschaftliche und sonstige Gründe ihrer häuslichen Umgebung; diese bereits doppelt benachteiligten Kinder treffen nun 3. in der Schule auf eine *typische Mittelschicht-Institution*, deren Lehrinhalte und Erziehungstechniken samt Moral schon dem angepaßten Arbeiterkind sehr wenig, dem Kind aus dem Subproletariat aber in keiner Weise entsprechen.
Das häufig mangelhafte Vertrauensverhältnis zu den Eltern erschwert auch den Kontakt zu Lehrern und Mitschülern. Das Kind, das ein geringes Selbstbewußtsein in die Schule mitbringt, erfährt dort eine Abwertung, die sich ihrerseits wieder hemmend auf seine Entwicklung und Reifung auswirkt. Die Diskriminierung bezieht sich zunächst auf sein äußeres Bild, „Unsauberkeit", dann aber auch auf die eben nicht erlernten mitmenschlichen Beziehungen, sein „Betragen". Ein Teil der entsprechenden Normen ist ihm einfach von Haus aus nicht bekannt, wie Geduld, Zurückhaltung, Höflichkeit. Deutlicher noch ist sein Rückstand im geistigen Bereich und in Bewegungsgeschicklichkeit. Die Kinder entwickeln ihrerseits eine Abneigung gegen den Schulbesuch; Erfolgserlebnisse fehlen fast ganz, vielmehr setzen sie die Schule gleich mit Spott, Beschämung und Strafen. „Mensch, ihr Kesselsträßler, ihr seid ja so drekkig." „Also in der Schul haben meine schon zu kämpfe, gehabt, aber meine nicht allein, sondern alle andern auch."
Die Klagen der Eltern richten sich nicht nur gegen die Mitschüler, sondern oft auch gegen die Lehrer. Die Lehrer wehren sich gegen den Vorwurf. Immerhin schrieb ein Jugendpfleger: „Dieter geht nicht in die Schule... der Lehrer hackt immer auf ihm herum... Wenn andere Jungen etwas anstellen, wird er immer sofort als Schuldiger vom Lehrer angesprochen. Für ein Kind ist das niederschmetternd... Dieter reagiert auch anders, wenn man ihn freundlich, verständnisvoll anspricht." In unseren Schulen und in den viel zu großen Klassen „werden Verhaltensauffälligkeiten, mangelnde Konzentration und extrem unterdurchschnittliche Leistung weniger als Signale einer besonderen Hilfsbedürftigkeit, denn als Störungen

des zügigen Unterrichts angesehen... und vielfach mit Unwillen und mit moralischer Verurteilung beantwortet." Die Abweisung, die das Kind bei seinem ersten Versuch erlebt, sich in einer Gruppe außerhalb des Elternhauses zurechtzufinden, vermindert den schon ohnehin wenig ausgebildeten Leistungsansporn noch weiter.

Sonderschulen eher angepaßt

Die Sonderschule ist besser auf die Probleme des schulischen Versagers eingestellt, sie kann auch die seelischen und sozialen Benachteiligungen der Siedlungskinder besser berücksichtigen. Die schulischen Berichte vermerken hin und wieder geglückte Eingliederung. Nach der Erfahrung des Rektors der Sonderschule für Lernbehinderte sind mit Kindern, die schon aus der 1. oder 2. Klasse der Volksschule überwiesen werden, noch Fortschritte zu erzielen; die älteren Kinder dagegen bringen meist *psychische Schäden* mit, die auch durch Sonderschulen *nicht mehr zu korrigieren* sind.
„Es kann demnach Kindern mit Sozialisationsschäden tatsächlich geholfen werden, wenn man sie rechtzeitig aus der *unterschichtfeindlichen Atmosphäre unserer Volksschulen* herausnimmt und einem Unterricht zuführt, der ihnen besser angepaßt ist." Genau genommen sind aber auch die Sonderschulen der Aufgabe nicht gewachsen; sie haben offiziell nur die Funktion, die Volksschulen von unliebsamen Störern zu befreien und werden dementsprechend von den Eltern als Diskriminierung empfunden.

„Chancengleichheit"

Zu denken gibt auf der anderen Seite der Nachweis, wie schwer, wenn nicht unmöglich, auch in den günstigsten Fällen der Wechsel von der Volksschule aufs Gymnasium für die Siedlungskinder ist. Da ist die Angst, finanziell nicht durchhalten zu können – bessere Kleidung und andere Mehrausgaben – dann die zu kleine Wohnung, im hier erwähnten Fall *neun Personen in eineinhalb Zimmern,* was konzentriertes Arbeiten unmöglich macht, die übrigen Geschwister, die zu kurz kommen könnten. „Ich kann nicht – es geht nicht – es hat keinen Zweck." Am Ende resigniert auch das hoffnungsfreudige Kind. „Jetzt haben wir das so langsam gebremst, jetzt ist er wieder n'bißchen normaler."

Und ein anderer Fall, eine ledige Mutter über die Anmeldung ihres Sohnes für die höhere Schule: „...und wie ich die Straße genannt hab und daß ich ledig bin, ...die hat mich ganz groß angeguckt als wie ‚was will die hier?'„ Und der Volksschullehrer hat gesagt, „weil ich in der Straße wohne, hat er Bedenken... er sagt, ‚den lassen sie bei der Prüfung durchrasseln'. ...wenn er noch in der Volksschule bleibt, das wird ihm vielleicht nicht so schwer fallen, als wenn es nachher immer heißt, ‚du bist ja ein Silosträßler!' und das trifft den Jungen am schwersten, das weiß ich."

Die Zuweisung einer stigmatisierten Identität wird von den Verfassern von „Ghetto" als die wohl allerwichtigste negative Folge des schulischen Versagens für das spätere Leben angesehen. Der unsichere Begriff vom eigenen Selbst, den das Kind aus einem mangelhaften Elternhaus mitbringt, erhält hier, in der Schule, endgültig die Form, die seine Zukunft fortan bestimmt, den es selbst als Maßstab für sein späteres Handeln sieht: die Vorstellung vom Versager, vom Außenseiter, vom Asozialen.

Auch in der Kirche gemieden

In der Siedlung gibt es zwei neuerbaute Kirchen. Religion ist, nach den vorliegenden Ausführungen, bei den Siedlungsbewohnern wenig gefragt, ihre Äußerungen sind für die speziellen Anliegen dieser Menschen offenbar auch wenig hilfreich. Außerdem fühlen die Siedlungsbewohner sich auch in der Kirche als Außenseiter gemieden. Die Armen betrachten die Kirchen vielmehr als eine Art Fürsorge-Institution oder auch als ausführende Organe der Erziehungsbehörden; denn die Heime, in denen viele Einwohner einen Teil ihrer Kindheit und Jugend verbrachten, befinden sich weitgehend in kirchlicher Hand. Die unangenehmen Erinnerungen an diese Zeit beziehen sich auch auf die Leitung und das Personal der Heime, „und die Ablehnung wird teilweise recht drastisch artikuliert".

Die Pille ist keine Hilfe

Schon früh beginnen sexuelle Beziehungen in der Siedlung. Bei der Enge der Wohnungen sind sie kein Tabu. Wenig wissen aber die Mädchen über Verhütungsmöglichkeiten. Auch in der Ehe kann von Familienplanung keine Rede sein, gerade an Planung mangelt es allgemein; und sexuelle Befriedigung ist eine der wenigen Möglichkeiten unmittelbarer Bedürfnisbefriedigung überhaupt. Hier wird wieder die unsoziale Seite des § 218 offenbar! Auch die Pille ist hier keine Lösung. Abgesehen von Umständlichkeit und Kosten der Beschaffung verbietet der schlechte, ohnehin schon sehr geschwächte Gesundheitszustand dieser überforderten Frauen die Anwendung hormonaler Antikonzeptiva gerade denen, die schon eine Anzahl Kinder geboren haben und die Abhilfe am dringendsten brauchen würden. Frühe Elternschaft und frühe Ehen werden häufig zum entscheidenden Faktor der lebenslangen Verhaftung an das Getto. Die daraus erwachsenden Frustrationen bleiben für das Kind nicht ohne Folgen. Ebenso unerwünscht wie die vorehelichen Kinder sind in kinderreichen Familien auch die jüngsten Geschwister, da jedes Kind die Lage der Eltern weiter erschwert. „Sie erfahren die ganze Resignation, ja Verzweiflung der Mutter, daß ihr das Leben... all ihre Wünsche unerfüllt gelassen habe."

Überdurchschnittliche Kriminalität

Die Untersuchung weist bei den Männern eine doppelt so hohe kriminelle Belastung auf als in der Normalbevölkerung, wobei allerdings betont wird, daß „white-collar-Kriminalität" überhaupt nicht berücksichtigt ist. Und diese Feststellung läßt sich auch nur aus der sozialen und wirtschaftlichen Lage heraus verstehen.

... aber weitgehend Notkriminalität

Vorwiegend gehören die begangenen Straftaten zur *Kleinkriminalität;* mittelschwere Kriminalität kommt nur ausnahmsweise vor, schwere Kriminalität fehlt überhaupt. An erster Stelle stehen einfacher und erschwerter Diebstahl, und das sind vielfach Notdiebstähle, verübt etwa in Zeiten von Arbeitslosigkeit. Auffallend sind die vielen Konflikte mit der Polizei.
Demgegenüber fallen die verhängten Strafen teilweise durch besondere Härte auf. Auch an dieser Praxis wird die „ganze Problematik eines rigiden Systems von Strafen sichtbar, vor allem auch die *Fragwürdigkeit von Geldstrafen* für Ahndung solcher Verfehlungen, die eigentlich als Notkriminalität anzusehen sind. Geldstrafen ziehen dann nur noch größere finanzielle Bedrängnis nach sich." Bei erstmals straffällig gewordenen Frauen, Ladendiebstahl, kleine Notbetrügereien von manchmal nur 10 bis 20 Mark, sind Geldstrafen von meistens 150 bis 200 DM üblich.
Schon die ersten Auffälligkeiten, die ersten amtlichen Registrierungen von kindlicher Kriminalität ergeben sich ganz natürlich aus der Situation der Entbehrung. Die „Delikte" sind für die Kinder oft auch nichts anderes als Mutproben und sportliche Leistung. Selbst ein Fürsorger kommentiert, als zwei Brüder Räder entwenden und damit herumfahren: „Die Kinder hatten immer nur das Lebensnotwendigste. Spielzeuge, Autos oder Roller, wie sie andere Kinder haben, hatten sie nie."

Frühe Diskriminierung durch amtliche Überwachung

Allein das Vorhandensein der Akten, aus denen die hier wiedergegebenen Beispiele stammen, wirkt sich bereits als diskriminierendes Moment aus. „Weit häufiger als für andere Kinder existieren sie für Kinder der Unterschicht von Geburt an, sei es wegen ihrer Unehelichkeit, die zur Errichtung einer Amtsvormundschaft führte, sei es *wegen Sozialbedürftigkeit der Eltern.* Das Verhalten der Kinder wird *zum Gegenstand amtlicher Überwachung,* die ihren Weg verfolgt, ehe dieser Weg überhaupt durch eigene Entscheidung be-

stimmt sein könnte. Später spielen dann diese Akten vor den Verfolgungsinstanzen zusammen mit anderen Merkmalen, wie die Kriminalität von Eltern oder Geschwistern, eine so große Rolle."
Anzeichen von Kriminalität sind neben Verwahrlosung für die Kinder der Unterschicht in erster Linie Gründe für eine Heimeinweisung. Der Aufenthalt im Heim führt wiederum zu *verschärfter Überwachung. „Man lauert auf die geringsten Verfehlungen* und diese werden sogleich wieder in der Akte festgehalten. Ein katholisches Heim über einen 6jährigen Jungen an das Jugendamt: „Meist hat Kurt kein Taschentuch bei sich, aber die Taschen voll Krust zum Spielen. Den sucht er überall zusammen... Von Spaziergängen bringt er Blumen mit und setzt sie in den Garten, auch wenn es Unkraut ist... ließ er unbemerkt Bonbons in der Tasche verschwinden. Auf das Woher befragt, kommt bei allem prompt die Antwort: gefunden." Aus vielen dieser Berichte erhellt übrigens, wie Fluchtpläne aus den verhaßten Heimen nicht selten mit Phantasien über ein künftiges Leben als Dieb und Räuber verquickt sind. Eine Entweichung aus dem Heim und die Notwendigkeit, sich verborgen zu halten, führt auch nicht selten tatsächlich zu Straftaten.
Auch hier ergibt sich aus den Akten – wie auch bei den Gluecks – ein allgemeiner Rückgang der Kriminalität mit fortschreitenden Jahren. Die Sicherheit des Arbeitsplatzes gewinnt an Bedeutung und auch der Wunsch, als Familienvater ein gewisses Prestige aufrecht zu erhalten. Das Wohnen in einer Randsiedlung führt an sich nicht zur Kriminalität. Wohl aber wirken sich die wirtschaftliche Not und die durch dauernde Frustrationserlebnisse angestaute Aggressivität in dieser Richtung aus. Eine erhöhte Anzeigenbereitschaft der Außenstehenden und die besondere Schärfe der sie treffenden Strafen tragen wesentlich dazu bei, *„sie in die kriminelle Karriere zu drängen und sie dort festzuhalten"*.

„Ein 18jähriger Gelegenheitsarbeiter wird von einem Gastwirt wegen Diebstahls von zwei Aschenbechern und einem Martiniglas angezeigt (Gesamtwert 5 DM). Er sagt dazu aus: ‚... den Vorgang habe ich nur als Bubenstreich aufgefaßt'. Dennoch kommt es zu einer Gerichtsverhandlung, in der der Gelegenheitsarbeiter zu einer Geldstrafe und zu den Kosten des Verfahrens verurteilt wird."

Andere Instanzen, deren Aufgabe Hilfeleistung für gefährdete Jugendliche sein sollte, deren Tätigkeit aber häufig nichts anderes ist als zusätzliche Überwachung, liefern nicht selten das Material für rigorose Urteile und ihre Begründungen. Aus einem Bericht des Evangelischen Gemeindedienstes: „Wir empfehlen sehr empfindliche Zuchtmittel in Form von Haft verbunden mit größeren Geldauflagen... Wolfgang ist als Schlüsselkind aufgewachsen, moralisch und geistig ist er zurückgeblieben." Überwachung und Verfolgung werden intensiviert, das Gefängnis begünstigt das Erlernen verfeinerter Techniken, die Stigmatisierung wird durch jede Strafe, besonders durch Freiheitsstrafen, verschärft.

Die ältere Generation resignierte...

Schwere Kriminalität kam in der Randgewannsiedlung nicht vor. Aber auffallend viele Konflikte mit der Polizei. Teilweise recht feindselige Einstellung gegenüber den Behörden, vor allem bei Zwangseinweisung von Kindern in ein Heim. Im Kindergarten schon beginnt die abwertende, stigmatisierende Behandlung der Siedlungskinder. Im Schulalter müssen sie sich oft genug mit den Fäusten dagegen zur Wehr setzen. Nur wenige gehen in eine Lehre; sie werden Hilfsarbeiter. Als Jugendliche und als junge Männer erfahren sie häufig Ablehnung bei der Stellungssuche, sobald sie ihre Adresse nennen.

...die heutige revoltiert

Die ältere Generation duckte sich noch unter dieses anscheinend unentrinnbare Schicksal. Heute, im Zeitalter einer allgemeinen Emanzipation entwickeln auch die Jugendlichen in den Gettos ein ausgeprägteres Selbstbewußtsein. Sie rebellieren aus einer Protesthaltung heraus. Kriminalität schon im Jugendalter ist häufige Folge. „Rigoroses Eingreifen der Polizei", wie wir es hier und da erleben, kann immer nur eine Atempause für den beunruhigten Bürger bedeuten. Die Wurzeln werden dadurch nicht berührt. Wir können nur wiederholen, was die Gluecks sagen: zu dem Zeitpunkt, da Erziehungsanstalten und Jugendrichter diese Jungen Menschen in die Hand bekommen, haben sie es mit einem fertig geformten Produkt zu tun. Die Eingliederung in die Gesellschaft ist schwierig geworden.

Der Minister sieht keine Notwendigkeit

Man hat zuweilen den Eindruck, verantwortliche Regierungsstellen seien über die ganze Tragweite ihrer Maßnahmen oder Unterlassungen einfach nicht informiert. Das gilt für Kindesmißhandlungen ebenso wie für den Wohnungsssektor. Das Institut für Städtebau stellte im April 1972 fest: rund 550000 Menschen in der Bundesrepublik sind in Notunterkünften untergebracht. Von den 120000 Wohnparteien ist etwa die Hälfte unverschuldet in diese Notsituation gekommen. Etwa 50% sind Haushalte mit 3 und mehr Kindern, die mehr als zwei Jahre in der Obdachlosenunterkunft leben. Im Mai 1973 waren in München 11400 wohnungssuchende Familien gemeldet, knapp 5000 waren als „einfacher Notstand", 3200 als „akuter Notstand" registriert.
Trotz der dargestellten Sachlage fand Minister Lauritzen das Problem der Fehlbelegung (oder jetzt Fehlsubvention) von Sozialwohnungen „überschätzt". Nach einer Fernsehsendung spricht man „von 20 bis 50 Prozent. Die Dunkelziffern sind groß. Daß Sozialwohnungen – über 1 Million – fehlbelegt sind, dies aber kaum Politiker aufregt, muß zu den Hauptübeln gerechnet werden". Lauritzen sah weder Notwendigkeit noch Möglichkeit zu ernstlichen Maßnahmen. Ebenso sah er Wohnungen mit 3 oder gar 4 Räumen, die nur von einer Person bewohnt werden, nicht als „unterbelegt" an; das Ministerium betrachtet erst eine 4-Zimmer-Wohnung plus Küche bei einer Nutzung durch ein oder zwei Personen als unterbelegt (lt. Süddeutscher Zeitung). Das Bonner Städtebauinstitut stellt 35% unterbelegte Wohnungseinheiten fest. Bis heute hat das Wohnungsamt keinerlei Möglichkeiten, in solchen Fällen einzugreifen, während gegen Fehlsubventionen endlich Maßnahmen erörtert werden.

Ob die Erhöhung der Einkommensgrenzungen für Wohngeldzuschüsse respektive deren häufige Anpassung im Sinne der hier geschilderten Situation eine hilfreiche soziale Maßnahme darstellt, ist sehr die Frage. Zunächst sollte man doch versuchen, die wirklichen Notstandsfälle so weit als möglich zu bereinigen, ehe nichtbedürftigen Einkommensschichten mit Steuergeldern unter die Arme gegriffen wird.
Vor allem sollte es natürlich – anstatt Familien in Wohngettos zwangsweise unterzubringen –, als eine dringende Aufgabe der Behörden angesehen werden, die Bildung derartiger Siedlungen zu verhindern. Den bereits vorhandenen ist der Charakter von Slums, von Isolierung und Abwertung zu nehmen, durch Umbau in normale Sozialwohnungen, durch Anlage von Kindergärten, Spielplätzen, Schulen und anderes.

10. Anpassung durch Fürsorgeerziehung?

Die Frage ist hier fällig, was tut nun eigentlich die Gesellschaft weiterhin für diese Kinder, die ohne ihr Zutun ihr Leben auf der Schattenseite begonnen haben? Welche Chancen sind Ihnen geboten – nicht etwa um die „Chancen-Gleichheit“ zu erreichen – sondern um die frühe, unverantwortliche Vernachlässigung wenigstens später nach Möglichkeit wettzumachen? Das neue Jugendhilfegesetz sieht zwar bei auffallenden Entwicklungsstörungen des jungen Menschen eine Behandlung durch Psychologen und andere Fachleute vor. Wieviele werden aber wirklich in den Genuß einer solchen Behandlung kommen? Als letzte „Hilfe“ bleibt denn eben doch wieder die Fürsorgeerziehung.

Die Gluecks äußern die Überzeugung, weder Fürsorgeerziehung noch sonstige amtliche Überwachung habe – abgesehen davon, daß sie zu spät kommt – eine wirksame Besserung erkennen lassen. Und Mechler/Heß stellen fest, die zwanzig Prozent der Einwohner ihres Untersuchungsgebietes, die als Kinder durch Fürsorgeerziehung gegangen waren, stellten die am schwersten geschädigte Gruppe ihres Untersuchungsgebietes dar.

Zur Zeit befinden sich allerdings nur wenige Kinder dieses Gebietes in Fürsorgeerziehung, da man von häufigen Heimeinweisungen, wie sie gleich nach dem Krieg an der Tagesordnung waren, inzwischen abgekommen ist. Meistens sind es wiederum die Kinder, die die Mutter nicht bei sich behalten konnte, und die daher als Säuglinge ins Heim kamen und Deprivations-Schäden erlitten hatten. Die Verfasser des Buches „Ghetto ohne Mauern“, dem wir die folgenden Heimschilderungen entnehmen, betonen, daß darum das Material, auf das sie sich stützen, nur bis zum Anfang der 60er Jahre reiche. „Es dürfte aber, verglichen mit neuerer Literatur an Aktualität kaum verloren haben.“

Beim Besuch einiger Heime stellten sie selber fest, daß inzwischen äußerlich wohl einiges verbessert wurde, die grundlegenden Mängel aber weiterhin bestehen, ja sich wegen Personalmangels sogar noch verschärft haben: Arbeitsüberlastung und geringe Entlohnung des Personals, Zwang zu häufigem Heimwechsel mit allen Folgen für die Kinder, autoritäre, an religiösen Normen orientierte Erziehung, Sexualfeindlichkeit und veraltete Berufsausbildung. „Der Widerspruch zwischen der subprolitarischen Lebensanschauung und der an Normen der Mittelschicht ausgerichteten Schule hat auch für die Heime Gültigkeit. Dieser Widerspruch erscheint hier geradezu ins Groteske gesteigert."
Wie bei allen Arbeiten über Säuglingsheime wird auch hier betont, es ist nicht die Schuld der Heimerzieher, „wenn ihnen – und das ist leider meistens der Fall – ein wissenschaftlich fundiertes Verständnis der sozialen und psychischen Ursachen abgeht, die das Verhalten der Zöglinge bestimmen". Anstatt fundierter Erklärungen setzen die Erzieher in ihren Berichten etwa eine naive Variante der Anlage-Theorie, die Vorstellung von „einem im Innern angelegten Bösen, das im Laufe der Entwicklung als das eigentliche, wahre Wesen sich offenbart". „Der Junge ist stark kerngeschädigt", oder „es machen sich schon ungute Anlagen bemerkbar".
Die erste Maßnahme im Heim – entsprechend der Vorstellung der sicheren Verwahrung unangepaßter Jugendlicher – ist immer noch häufig die *Isolierung des Kindes* von seiner bisherigen Umwelt, die Beziehungen zu den Freunden sind abgeschnitten, die zur Familie auf ein Minimum beschränkt. Nur selten darf das Kind die Eltern besuchen. Oft dürfen die Eltern bei einem Besuch auch nur im Beisein eines Erziehers mit ihrem Kind sprechen. Sogar die Überwachung des Briefverkehrs mit den Angehörigen ist heute noch im Gesetz – Jugendhilfegesetzentwurf – ausdrücklich verankert. Man fühlt sich bisweilen eher *an ein Gefängnis* als ein Kinderheim erinnert, sowie an Mißhandlungen seelischer und körperlicher Art.
Im Heim prallen die Kinder nicht nur auf eine Mittelschichts-Ethik, „sondern – darüber weit hinaus – auf eine reaktionäre, viktoriani-

sche Moral, die ihre Normen mit scharfer Strafe sanktioniert: ein Kind muß zwei Stunden im Nachthemd auf dem kalten Korridor stehen, einem anderen wird die eingegangene Post vorenthalten, ein drittes wird tagelang nur mit Suppe ernährt, ein viertes *für vier Wochen in eine enge Zelle mit einer Holzpritsche gesperrt*... so geht es weiter in erfindungsreichen Variationen. „Einem Jugendlichen, den das Heimweh nach Hause getrieben hatte und der mit Hilfe der Polizei – gegen heftigen Widerstand der Eltern – sofort zurückgeholt worden war, wurde der Weihnachtsurlaub gestrichen, „da er durch die Flucht vorweggenommen wurde".
Bei den Kindern treten als Reaktionen oft heftige Aggressionen auf, auch Äußerungen seelischer Störungen wie Bettnässen. Die Welt des Heimes ist gekennzeichnet durch schärfste Disziplinierung, die jede Entfaltung der Persönlichkeit ausschließt, Triebunterdrückung, Arbeitszwang, (Arbeit als Strafe und Mittel der Unterdrückung) und Einübung in einer denkfeindlichen Religion... „Die im Heim erlittenen Entbehrungen erklären die besondere *Haltlosigkeit und Unstetigkeit ehemaliger Heimzöglinge*. Sie helfen auch, ihre Kriminalität zu erklären... Von ganz besonderer Bedeutung ist schließlich der Einfluß, den diese Art von Erziehung auf die Einstellung des Jugendlichen zur Arbeit und auf seine Berufswahl ausübt. Die negativen Auwirkungen können garnicht überschätzt werden, hier fällt die letzte Entscheidung über die endgültige Fesselung an das Getto."

Bericht eines Pfarrers

Ein Pfarrer und Heimleiter über einen 14jährigen Jungen: „Fred erinnert an die grobknochigen Landsknechtgestalten des 30jährigen Krieges... Den groben Gesichtszügen entspricht ein grobes Denken, das ausschließlich um primitive Anliegen kreist: robuste Selbstbehauptung und Rechthaberei, Ablehnung einer guten Umgangsform... Seine geistige Begabung hat ihn bisher bewahrt vor der Entwicklung zum Triebmenschen... Es ist zu fragen, an welchen Mühlsteinen sich ein solcher Typ zurechtbringen läßt. Denn daß es zu einer Brechung dieses Wesens kommen muß, steht außer Zwei-

fel. Sonst muß man gewärtig sein, daß Fred einmal auf dem Weg brutaler Selbstherrlichkeit zu blutigsten Grausamkeiten fähig ist. *Die modernen Erziehungsgrundsätze sind nicht dazu angetan,* die in solchen Naturen schlummernden Gefahren für die Umwelt zu bannen. Vielleicht, daß es einem energischen Meister gelingt, die körperliche Kraftpotenz auszulasten und die Störrigkeit zum Erliegen zu bringen." Wieder bei der Mutter, absolviert Fred eine Elektrolehre. Das allgemeine Urteil über ihn: netter, offener junger Mensch, pünktlich, fleißig, gewissenhaft, geistig interessiert.
Man ist aber auch darauf bedacht, die Arbeitskraft der Zöglinge auszubeuten. „Noch 1971 berichtete uns der Leiter eines Mädchenheimes, daß die Mädchen nicht nur in der Wirtschaft, sondern auch mit Waschen, Bügeln und Nähen beschäftigt werden, und daß die Leute im Ort... die billige Wasch-, Näh- und Bügelgelegenheit zu schätzen wüßten." Bei den Mädchen werden Vorbereitungen auf das Berufsleben einseitig von einem Frauenbild geprägt – entsprechend kirchlicher Sozialethik –, das die Frau als unselbständiges, schutzbedürftiges, abhängiges Wesen zeichnet, das seine Erfüllung in der Hingabe an Gott, an den Ehemann und an die Kinder findet. Die Mädchen werden zu untergeordneten Dienstboten erzogen, für Heime und Anstalten, auch für Haushalte wie „Pfarreien, Gastwirtschaften und Metzgereien, deren opferwillige Bereitschaft, ein Fürsorgekind zu einem ‚ordentlichen Menschen' zu machen, nicht angezweifelt wird... Auf die selbständige Führung eines Haushaltes, auf den Umgang mit einem Budget, auf die Erziehung von Kindern, Bewältigung von Ehe- und Familienproblemen sind sie in keiner Weise vorbereitet."

Wie im Gefängnis

Diese Beobachtungen werden auch von anderer Seite bestätigt, zum Beispiel in der Untersuchung „Fürsorgeheime in pädagogischer Kritik" von Hermann Wenzel. Eine Atmosphäre des Mißtrauens vermittelt den Jugendlichen ganz und gar nicht die Geborgenheit, die ihnen die eigene Familie nicht geben konnte. Folgen erlittener Umweltschäden werden mit Strafen „behandelt". Für die Jungen, die „gegen die Heimordnung verstoßen, steht... ein sogenannter Karzer zur Verfügung“. Hosenträger, Gürtel und Lederschuhe sind abzugeben. Der Karzerraum sieht so aus: hinter einem schmalen Gang, der durch Betonwabenfenster nur spärlich Licht erhält, liegen drei Einzelzellen, die circa drei Meter lang und eineinhalb Meter breit sind. In diesen Zellen befinden sich ein an die Wand geschlossenes Klappbett, ein Wandtisch und ein Wandsitz. Die Wände sind dunkel mit Ölfarbe gestrichen, die Türen mit Zinkblech beschlagen und durch Spezialschlösser gesichert. Spärliche Beleuchtung erhalten die Zellen vom Gang her durch ein mit dichtem Maschendraht verkleidetes Stahlgitter. Lesen, rauchen wie überhaupt jede Tätigkeit sind untersagt. Das Essen besteht grundsätzlich morgens aus einer Tasse Kaffee und zwei Scheiben trokkenem Brot, mittags aus einer Tasse Suppe und drei Scheiben trockenem Brot und abends aus einer Tasse Tee und zwei Scheiben trockenem Brot. Wenn ein Junge länger als drei Tage im Karzer ist, erhält er wieder normale Verpflegung. Es handelt sich nicht um ein Gefängnis, sondern diese Ausführungen beziehen sich auf Fürsorgeheime für schulentlassene Jungen. Neuzeitlicher Strafvollzug im Jugendgefängnis ist humaner. Der Karzer ist ein häufiger Grund für das Entweichen der Jungen, die dafür wiederum mit Karzer bestraft werden. Die Protesthaltung, die die Kinder bereits aus einer subproletarischen Umgebung mitbringen, wird hier noch weiter verschärft.

Diese Untersuchungen wurden im Jahr 1970 veröffentlicht. Daß sich die Auffassungen verantwortlicher Stellen nicht sehr geändert haben, geht aus einem Zeitungsbericht über die Unterbringung entlaufener Jugendlicher hervor (Süddeutsche Zeitung vom 19. und 28.3.74). Im Landkreis Freising in Bayern werden Ausreißer zunächst, bis über ihre weitere Unterbringung entschieden ist, in Zellen im Keller eines Altersheimes eingewiesen. Diese Zellen entsprechen dem von Wenzel beschriebenen Karzer: die Einrichtung besteht aus einem harten Matratzenlager, einem Tisch, einem Stuhl und einem Abortkübel. „Wenn der Leiter des Altenheimes zufällig etwas Zeit hat, öffnet er das Gitter, das den schmalen Kellergang von der Außenwelt trennt, und spricht mit den meist sehr verstörten Jugendlichen.“

Das Bayerische Sozialministerium räumt ein, „daß die gegenwärtige Lage auf diesem Sektor nicht gerade befriedigend ist. Allerdings haben die 96 Bayerischen Jugendämter mit ihren zusätzlichen vierzig Außenstellen nur in den wenigsten Fällen das entsprechende Personal und die entsprechenden Mittel, um Verbesserungen zu schaffen". Der Freisinger Landrat tröstete sich mit der Feststellung, „daß es in Freising immer noch besser als in anderen Landkreisen aussieht".

Aufgeschreckt durch die alarmierende Meldung in der Öffentlichkeit, erklärte sich das Münchner Jugendamt bereit, die Freisinger Ausreißer in eines ihrer Münchner Heime aufzunehmen, wo auch pädagogisch ausgebildete Sozialarbeiter zur Verfügung stünden. Der Leiter des Jugendamtes in Freising ist aber skeptisch, weil die Unterbringungskosten in München zu hoch sind, pro Tag 104,– DM für männliche und 130,– DM für weibliche Insassen.

Der Vollständigkeit halber sei vermerkt, daß natürlich nicht unterschiedslos die „Heime" verdammt werden dürfen. Auf Heimerziehung werden wir leider niemals verzichten können. Gerade heute, wo die Familienerziehung oft versagt, bedeutet das Heim für viele Kinder auch eine echte Hilfe und einen positiven Start ins Leben, der auch in gehobene Berufe führen kann. Sicher wird von manchen Heimen, auch unter konfessioneller Führung, vorbildliches geleistet, aufgeschlossene und fortschrittliche Persönlichkeiten gehen auch aus Kreisen der Kirchen hervor. Daß es aber auch noch eine Heimerziehung der hier geschilderten Art gibt, muß doch sehr zu denken geben.

Ist Heimerziehung Aufgabe der Kirchen?

„Das Kind lebt in der Welt der Engel. Die Gegenwart des Engels ist ihm vertraut. Es gibt ihm ein Gefühl der Geborgenheit, des Geschütztseins und Beliebtseins, des Hineingehobenseins in eine innere Welt. Dem Erzieher aber erhöht es die Ehrfurcht vor dem Kind, dessen Engel das Angesicht Gottes schaut. Er verbündet sich mit den Engeln seiner Kinder, von denen er seine Sorgenkinder behütet weiß. Ein gleiches Interesse verbindet... Welche Kraft strömt dem Gläubigen vom Altar aus zu. Hier ist der eigentliche Erzieher, der Meister für jeden, der in seinem Dienst für das Heil des Menschen wirkt... Die Lehre von der Erbsünde ist die Grundlage für die christliche Erziehung überhaupt, und sie ist die Leuchte für die katholische Heilerziehung im Besonderen... Für den religiösen Erzieher sind Sünde und Gnade ernst zu nehmende Wirklichkeiten, ohne die auch das natürliche Verhalten nicht restlos verstanden werden kann. Als übernatürliche Gegebenheiten sind sie dem psychologischen Verständnis und Zugriff nicht unmittelbar zugänglich. Teufel können nicht durch Psychologie und Pädagogik, sondern nur durch Engel Gottes ausgetrieben werden." Der „Teufel", der „Fürst der Welt", ist gleich jugendliche Sexualität. „Im persönlichen Gebet, in der Feier des Gottesdienstes, in der heiligen Beichte und Kommunion, in der Marienverehrung, dem Engel- und Heiligenkult liegen, abgesehen von der gnadenhaften Wirkung, psychologische und pädagogische Werte von höchster Heil- und Wirkkraft, wie sie im natürlichen Raum nicht vorhanden sind... Folgen der Psychopathie, die viele unserer Jungen als Erbanlage mitbringen, Willensschwache, Labile, Geltungsbedürftige, Hysterische, bei denen es schwer ist, sie zu religiösem Leben zu bekehren... In dem der ganz natürliche Mensch aufgerufen und bestimmt ist, Materialgrund der Gnade zu sein, ...ist die Entfaltung seines echten Menschtums, seiner Anlagen und Fähigkeiten, Vorbedingung für das schöpferische Werden des neuen Menschen in Christus... Darum sagen wir unseren Jungen, daß der Herrgott keine Kopfhänger und Leisetreter will, sondern frische, frohe Kerle, die mit froher Bereitschaft Gott dienen." Wie einfach das doch ist! Und wenn der Erzieher mit einem schwierigen Fall nicht fertig wird, muß er sich sagen: „hätte ich mehr heiliges Leben in mir, könnte ich ihm wohl helfen".

„Unsere religiöse Erziehung muß die besonderen Gegebenheiten, auch die erbliche Belastung, berücksichtigen, ... Wir müssen aber wissen, daß auch bei Psychopathen ein Raum der Freiheit bleibt, Erziehung trotz Vererbung!" Zucht und Strafe sind die andere Seite dieser Erziehung. „Die Unverständigen werden in Zucht genommen, die Ungehorsamen trifft die Strafe. Zuchtmittel und Strafen

sind erziehlich, wenn sie zu heilsamen Erfahrungen führen. Das Strafleid soll zu Schuldleid führen und vor weiteren Fehlhandlungen bewahren." Strafmöglichkeiten sind: Gemeinschaftsstrafen, Freiheitsstrafen, Körperstrafen. „Die körperliche Strafe schließlich fügt körperliche Schmerzen zu." Autorität und strikter Gehorsam regieren.
Mittelalterliche Anweisungen für die Aufzucht des Mönchs-Nachwuchses? Keineswegs. Diese Sätze sind einem 3000 Seiten starken „Handbuch der Heimerziehung", erschienen zwischen 1952 und 1962, entnommen. (Fußn. Herausgeber Friedrich Trost) Etwas anders drückt sich ein evangelischer Beitrag aus: „Christus als der auferstandene Herr redet selbst mit den Kindern (durch seine Pneuma-Präsens im Heiligen Geist)... Isolierung, Hospitalismus und Autoritarismus sind nur scheinbar ständige Probleme der Heimerziehung. Aber ihre Gegenpole, Indifferentismus, Überforderung durch zu frühe Freiheit und Autoritätsschwund sind ebenso gefährlich... Solange es Menschen auf dieser Welt gibt, wird es Strafe geben, auch in einem christlichen Erziehungsheim... die erbarmende Liebe schafft die Strafe nicht ab, sondern weiß, daß sie dem vom Chaos bedrohten natürlichen Menschen durch Zucht und Strafe einen unentbehrlichen Dienst tut."

Erziehung ohne Liebe

Jetzt wissen wir es: der Heimsäugling braucht keine Bezugsperson, er lebt mit den Engeln. Vor einer „Überschätzung der Psychologie" wird auch von evangelischer Seite ausdrücklich gewarnt. Auffälligkeiten entwicklungsgestörter Kinder sind ererbte Anlagen und müssen mit Gebet, Zuchtmitteln und Strafen ausgetrieben werden. Nur wer über die heutigen Forderungen der Pädagogik informiert ist, kann die ganze gefährliche Tragweite solcher Heimpraxis ermessen. Auf Erziehungsfragen angesprochen, antworten die Kirchen nicht.
Es ist viel von Gebet die Rede. Für die ganz Kleinen: „Das Kind soll in wesenhaften Übungen, die seinem Gotteserleben entsprechen, gewöhnt werden. Die kurzen, sinngemäßen Gebete, am Morgen, abends, vor und nach dem Essen, sollen feste Bestandteile

seines Lebens werden. Zuweilen ein Kirchenbesuch, eine Erzählung vom lieben Gott... eine liebevolle Ermahnung mit dem Hinweis auf den lieben Gott, der alles sieht und Freude hat an dem Kind, das betet, folgsam ist..."

Von Liebe selbst ist nicht die Rede. Wir erinnern uns des Heimberichtes über einen Sechsjährigen (S. 131), in dem drastisch der ganze Mangel an Einfühlungsvermögen, die ganze Lieblosigkeit deutlich werden gegenüber einem kleinen Kind, das so früh ein hartes Schicksal erfährt, ein gutes Elternhaus nie gekannt oder verloren hat, dem selbst noch aus dem Wunsch, Blümchen mit nach Hause zu bringen und einpflanzen zu wollen, ein Strick gedreht wird. Oder der andere Fall, in dem für einen Jungen besonders harte Strafen empfohlen werden, mit der warnenden Begründung, er sei als Schlüsselkind aufgewachsen. Wie ein weiches Kindergemüt durch eine solche Behandlung ohne alle Liebe zum Positiven beeinflußt werden soll, bleibt Geheimnis derer, die diese Methoden anwenden.

Richtlinien – Sache der Bundesregierung

Laut muß hier die Frage gestellt werden: Ist die Erziehung der Jugend in einer modernen säkularen Demokratie Aufgabe der Kirchen? Die Antwort ist eindeutig: sie ist es nicht. Wobei es religiös eingestellten Eltern durchaus überlassen bleiben soll, ihren Kindern, auch im Heim eine konfessionell ausgerichtete Erziehung zuteil werden zu lassen. Doch auch für diesen Fall ist eine Anpassung an zeitgemäße demokratische Erziehungsgrundsätze unbedingt zu fordern. Laut Zentralstelle für kirchliche Statistik in Köln betrugen die Kirchenaustritte in der Bundesrepublik und Westberlin im Jahre 1970 auf katholischer Seite 69455 und im Jahre 1971 58361. In Berlin traten innerhalb der letzten fünf Jahre 100000 evangelische Christen aus der Kirche aus. Diese Tendenz zeigt sich, zwar verlangsamt, aber doch stetig auch weiterhin.

Nach der Statistik von April 1971 gab es in Bayern 777 Heime für Kinder und Jugendliche mit folgender weltanschaulicher Grundausrichtung:

	kath.	evang.	paritätisch	insges.
Heime insgesamt	374	115	288	777
für Kinder unter 3 Jahre	27	11	30	68
3 J. bis Ende d. Volksschule	65	14	40	119
Erziehungsheime, d. h. FE, FEH und Übergangsheime	93	38	24	155

48 Prozent aller Heime und 54 Prozent aller Heimplätze waren unter katholischer Leitung.

Nach § 78 des Jugendwohlfahrtsgesetzes, das unter maßgeblichem Einfluß der CDU formuliert wurde, bleibt die „Selbständigkeit der Träger der Einrichtungen in Zielsetzung und Durchführung ihrer erzieherischen Aufgaben unberührt" von der Aufsicht des Landesjugendamtes „sofern das Wohl der Minderjährigen nicht gefährdet wird... Einem zentralen Träger der freien Jugendhilfe kann auf Antrag die Überprüfung von Einrichtungen eines ihm gehörenden Trägers übertragen werden, wenn er diesem Antrag zustimmt". Das heißt, die ursprünglich vorgesehene staatliche Kontrolle aller Heime wird dann praktisch unterbrochen, wenn die Verbände sich selbst „kontrollieren" dürfen.

Gewiß kann der Staat nicht von heute auf morgen auf die Mitwirkung der Kirchen im sozialen Bereich verzichten. Institutionen jedoch, die sich stillschweigend weigern, heutige Erkenntnisse und Notwendigkeiten zur Kenntnis zu nehmen, geschweige denn in ihre Praxis einzubauen, kann die Kompetenz zur Erziehung der Jugend in eigener Verantwortung nicht zugesprochen werden. Bindende Gesetze haben hier unmißverständliche Richtlinien zu geben. Jedem Kind im Säuglingsalter muß zum Beispiel eine Bezugsperson zustehen, die zu persönlicher Zuwendung genügend Zeit hat; Kinderheime sind grundsätzlich familienmäßig aufzubauen, ohne Versetzungen zu anderen Abteilungen oder Heimen – um hier noch einmal wesentliche Punkte zu nennen.

Böse englische Kritik

Hier drängt sich aber auch die Frage auf: sind die Erziehungsmethoden in nicht konfessionellen Heimen besser? Leider kann diese Frage auch nicht mit einem Ja beantwortet werden. Die religiöse

Verbrämung und das Betonen der gegensätzlichen Auffassung entfallen zwar, aber in den Methoden unterscheiden sie sich nicht sehr voneinander. Wenzel erwähnt eine „scharfe“ Kritik einer britischen Delegation, die 1947 in Deutschland 78 Fürsorgeheime und Strafanstalten besuchte. „Inzwischen sind mehr als zwei Jahrzehnte verflossen, die *Kritik* hat aber, zumindest im Hinblick auf die vorliegende Untersuchung... bezogen, *nichts an Aktualität eingebüßt.*“ Vielmehr liegt hier „ein Beleg für das schon lange währende Verharren in althergebrachten Gewohnheiten“ vor. So wurde im Unterschied zu englischer Behandlung, die vorwiegend von heilpädagogischen Gesichtspunkten ausgeht, „die Erziehung zum Gehorsam“ in deutschen Heimen kritisiert. Man vermißte „eine Ermutigung der Kinder zu eigener Initiative und vernünftiger Selbstkontrolle“ sowie „pädagogische Anregungen von seiten des Landesjugendamtes und die Ermutigung zur Anwendung neuer Methoden“. Das fehlende Interesse der Öffentlichkeit für die Arbeit der Heime und auch das Versäumnis der Heime selbst, in der Öffentlichkeit um Mitarbeit und Verständnis zu werben, waren ebenfalls Anlaß zu Beanstandung. Die Strafpraxis der Heime stieß auf besonders heftige Kritik: „Mit Recht wird beanstandet, daß es noch Strafisolierung gibt, und zwar ohne Beschäftigung... Daß Ausreißern noch in manchen Gegenden die Haare geschoren werden, hat die Kommission verständlicherweise schockiert. Es erscheint uns mehr denn zweifelhaft, ob das Fortlaufen überhaupt Gegenstand einer Bestrafung sein darf. Abgesehen davon, daß die Motive des Fortlaufens sehr verschiedener Natur sind, wird man mehr oder weniger die mangelhafte Bindung an das jeweilige Heim bzw. den Erzieher für das Entweichen verantwortlich machen dürfen. Bindungen herzustellen, ist aber Aufgabe des Erziehers. Wenn er dieser Aufgabe nicht gerecht wird..., so darf hierfür jedenfalls der Jugendliche nicht bestraft werden.“

Vorschläge bleiben ohne Resonanz

In einer Fülle von Zeitschriften-Artikeln der beiden letzten Jahrzehnte und in einigen längeren Untersuchungsberichten werden

die neuralgischen Punkte der Fürsorgeerziehung aufgezeigt und mit Forderungen nach einer gründlichen Neuorientierung der Heimerziehung für Kinder und Jugendliche verbunden. „Der Mißerfolg der Heimerziehung liegt weitgehend im Versagen der Heime und Behörden gegenüber ihren Aufgaben begründet. Dieses Versagen ist nicht nur, wie es leider oft geschieht, mit der großen äußeren Not der Heime, die vor allem in wirtschaftlichen Schwierigkeiten und im Mitarbeitermangel gesehen werden muß, zu begründen und zu entschuldigen. In starkem Maße begründen dieses Versagen auch organisatorische, methodische und inhaltliche Mängel der Heimerziehung“ (Wenzel). Auch hier bleiben alle Hinweise und Vorschläge von versierten Fachleuten ohne sichtbare Resonanz. In erster Linie muß der Beruf des Heimerziehers attraktiver gestaltet werden, durch bessere Arbeitsbedingungen, bessere Ausbildung, mehr Möglichkeiten zu Eigeninitiative, bessere Bezahlung. Mehr sollte für diesen Beruf, der für junge Menschen ein echtes Anliegen sein kann, geworben werden. Nichts von alledem wurde im Jugendhilfegesetzentwurf bedacht.
Etwa 20 Prozent aller Kinder in der Bundesrepublik gelten heute als verhaltensgestört. Es ist erwiesen, daß der Grundstein zu dieser Entwicklung vorwiegend in frühester Kindheit gelegt wird. Es ist bekannt – oder sollte doch auch bei uns bekannt sein – daß die Gluecks bereits bei fünfjährigen Kindern feststellen können, daß diese dissozial oder gar kriminell werden, wenn keine grundlegende Änderung ihrer Umweltbedingungen erfolgt. Aus all diesen Erkenntnissen werden keinerlei Konsequenzen gezogen. Man tut nichts, bis die Fehlentwicklungen deutlich offenkundig werden. Dann steckt man die Kinder in Fürsorge-Erziehung der beschriebenen Art und fördert damit weiterhin die eingeschlagene Entwicklung zum Außenseiter der Gesellschaft.

11. Folgerungen und Forderungen

> Die Jugendkriminalität ist ein Spiegel der Erwachsenengesellschaft; das will offenbar niemand wahrhaben. Aber solange dies verleugnet wird, scheinen alle Versuche einer Resozialisierung eine Farce zu sein. (Brocher)

Laufend werden neue Vorschläge und Forderungen zu der Frage veröffentlicht, wie den schlimmsten sozialen und gesetzlichen Vernachlässigungen des Kindes in der Bundesrepublik abzuhelfen ist. Forschungsaufträge werden erteilt. Erhebliche Gelder dafür werden aufgewendet. Wer aber nimmt Notiz von den veröffentlichten Ergebnissen? Die Fachleute zitieren sich gegenseitig; dann verschwinden die Arbeiten auf den Regalen der Bibliotheken, Ämter und Ministerien. In die Öffentlichkeit gelangen sie kaum; sie sind für ein breiteres Publikum meistens auch garnicht verfaßt. Die Verantwortlichen zucken die Achseln; es ist bisher nach der „bewährten“ Methode doch alles gegangen. Warum sollte man umdenken und umdisponieren? Man hat ohnehin kein Geld und nicht das notwendige Personal. Von einigen löblichen Ausnahmen abgesehen, bleibt also alles beim alten.

Insbesondere wird die Tatsache absolut nicht zur Kenntnis genommen, daß endlich ein Kindesrecht geschaffen werden muß, daß das Kind *von der Geburt an schützt.* Das sind nicht einfach „kleine Säuglinge“ in den Heimen, die noch nichts verstehen. Jedes neugeborene Kind ist ein Menschenschicksal, jeder Säugling hat ein erwachsenes Leben von 30, 40 oder 50 Jahren vor sich – ob als zweit- oder drittrangiger Staatsbürger, ob hinter Gittern, vielleicht dort, „wo die Türen keine Klinken haben“, das liegt fast ausschließlich an uns. Zunächst natürlich an denen, die die Behandlung der kleinen Kinder unmittelbar in der Hand haben.

In diesem Zusammenhang ist es besonders entmutigend, zu sehen, wie auch das neue Familienministerium auf den so bequemen alten Wegen wandelt. Etwas Neues wird kaum erwogen. Man tritt die längst im Gespräch befindlichen Dinge breit, weil man offenbar meint, das sei, was „das Volk“ erwartet und dem müsse man Rechnung tragen.

Ministerium auf ausgetretenen Pfaden

Seit langem wird in der Tagespresse der Mangel an Kindergartenplätzen erörtert. Das ist bereits eine falsche Einschätzung der Erziehungs-Prioritäten. Nicht der Kindergarten ist das wichtigste – natürlich ist er auch wichtig. *Das wichtigste sind die Jahre vor dem Kindergarten!* Der Mangel an Kindergartenplätzen ist aber auch ein Symptom. Hätten die Mütter mehr Zeit für ihre Kinder, wäre der Bedarf an Plätzen geringer. Für Kinder unter 4 Jahren ist der Kindergarten ohnehin meist noch verfrüht; die Kinder sind noch im Fragealter und haben die Trennungsangst noch nicht überwunden.
Genau mit dem Kindergarten setzt die „frühkindliche Erziehung“ (§ 32) im „Diskussionsentwurf eines Jugendhilfegesetzes“ ein. „Diese Vorschrift will allen jungen Menschen von einem möglichst frühen Zeitpunkt an (!) gleiche Bildungschancen und damit auch gleiche Startchancen sichern.“ Darauf folgt unter „Erziehung und Bildung im Kindergarten: ...ihm kommt in seiner sozialpädagogischen Erziehungs- und Bildungsaufgabe eine eminente Bedeutung zu“. *Diese eminente Bedeutung kommt nicht dem Kindergarten, als vielmehr den ersten drei Lebensjahren zu!* Der gleichen Auffassung entsprechend lautet auch der Abschnitt über „Allgemeine Erziehungshilfen“. Diese Hilfen beginnen „bei jungen entwicklungsgefährdeten und gestörten Menschen“.
Lautstark muß hier die Frage erhoben werden, warum werden selbst von höchster Regierungsstelle die Erkenntnisse und die dringenden Vorschläge von Kinderärzten, Psychologen, die Ergebnisse der mehrjährigen Forschungsarbeit des Pädiatrischen In-

stitutes der Münchner Universität, die Publikationen dazu von den Professoren Hellbrügge, Pechstein, Hassenstein und vielen anderen einfach auf die Seite geschoben? Die gleiche Frage ist in bezug auf die Glueck'schen und andere gleichartigen Untersuchungen zu stellen. *Die Jugendhilfe setzt zu spät ein,* wenn die Kinder und Jugendlichen bereits als gestört oder gar kriminell eingestuft werden müssen. Vielmehr müssen *im Säuglingsalter die vorbeugenden Maßnahmen* beginnen. Die verantwortlichen Stellen in der Bundesrepublik sind aber offenbar unbelehrbar. Noch so viele wohlmeinende Reden mit Aufrufen der Ministerin an die Bevölkerung, mehr Kinderfreundlichkeit zu zeigen, können das Problem nicht an der Wurzel berühren. Viele Maßnahmen der Bundesregierung und des Familien- und Jugendministeriums sind im Prinzip selbst „kinderfeindlich".

Bereits die Zusammensetzung der Kommission, die den Entwurf erarbeitete, ist zu beanstanden. Es handelt sich im wesentlichen um vier leitende Beamte der Jugendämter, drei Juristen, zwei Vertreter der Kirchen, einen Psychologen (Eheberater), also meist um Personen, die in eigener Sache entscheiden. Davon stehen insbesondere die Kirchen als Träger von Jugendheimen ja gerade weitgehend in der öffentlichen Kritik. Mindestens sollten Kinderärzte und -psychologen hinzugezogen werden. Auch Experten, die einer allgemeinen Kritik des Entwurfes laut Ausdruck geben, bedauern, daß keine Fachgremien gehört wurden, daß man alten Wein in neue Schläuche füllte, das heißt Fachausdrücke durch neue Formulierungen ersetzte, ohne die Substanz wirklich zu ändern, kurz, daß man die Chance vertan hat, ein wirklich brauchbares neues Gesetz zu schaffen. Nach wie vor dominiert auch noch das Elternrecht.

Unverantwortliche Versäumnisse

Wie überhaupt der Entwurf einseitig von Rechtsansprüchen her verfaßt ist. Den entwicklungspsychologischen, persönlichkeitsformenden Notwendigkeiten der kindlichen Entwicklung ist in keiner Weise Rechnung getragen. Begriffe wie Säuglinge und Säuglingsheime sucht man vergebens. Wiederum wird in unverantwortlicher

Weise versäumt, kindlicher Fehlentwicklung *vorzubeugen*. Statt dessen werden dann die Hilfen angeboten, wenn das Kind in den Brunnen gefallen ist, eben wenn Verhaltensstörungen und psychisch bedingte Erkrankungen sich bis zur Auffälligkeit entwickelt haben. Über einen längeren Verbleib eines Kindes im Kleinkinderheim soll allerdings jeweils nach einem Jahr neu entschieden werden. Die letzte Entscheidung darüber aber fällt nicht dem Arzt oder Psychologen, sondern dem Vormundschaftsrichter zu, also dem Juristen ohne jegliche Fachausbildung, obwohl folgenschwere juristische Fehlentscheidungen in der Kinderbehandlung bekannt genug sind.

Pechstein und Hellbrügge sehen in der Situation der Säuglingsheime „ein gesellschaftliches Massenproblem, das höchste Aufmerksamkeit erfordert". Das Ministerium sieht aber keine Notwendigkeit zu einer gesetzlichen Regelung. Frau Focke, direkt auf dieses Problem angesprochen, verweist auf die Kompetenz der Länder in Heimfragen (S. Anhang). Die maßgebenden Gesetze aber sind Sache der Bundesregierung.

Keinerlei Schutz wird erwähnt für Pflegekind und Pflegeeltern. Auch das mißhandelte Kind genießt immer noch sehr wenig Hilfe. Der Entwurf trägt dem Problem allerdings insofern Rechnung, als dem Jugendamt ein erhöhtes Recht zum Eingreifen bei unmittelbarer Gefahr eingeräumt wird (§ 69). Das heißt, der Fürsorger kann im dringenden Fall ein gefährdetes Kind unverzüglich aus der eigenen Familie entfernen, ohne daß vorher ein Gericht das Aufenthaltsbestimmungsrecht der Eltern außer Kraft setzen muß. Das Grundrecht der Unverletzlichkeit der Wohnung wird damit eingeschränkt. Der wirklichen Problematik und den gegebenen Möglichkeiten ist damit noch nicht Rechnung getragen. Vor allem waren hier ja auch von allen maßgeblichen Seiten vorbeugende Maßnahmen verlangt und vorgeschlagen worden, die sich mindestens teilweise auf die Tätigkeit der Jugendämter bezogen. Der Entwurf übergeht zum Beispiel die Anregungen aus dem Forschungsbericht von Mende/Kirsch.

Unter dem Thema „Weglaufen von zu Hause" bringt der Entwurf sogar neue Erschwerungen für das ohnehin benachteiligte Kind. Jedem, der ein fortgelaufenes Kind aufnimmt, auch den nächsten

Verwandten wie etwa den Großeltern, droht eine „empfindliche Geldbuße". Es heißt im § 68 zwar: „Der Minderjährige ist unverzüglich dem Personensorgeberechtigten zuzuführen, sofern... keine in seiner Person und in seinem erzieherischen Verhalten liegenden Gründe entgegenstehen." Das kann aber nur gelten, so weit solche Gründe *bekannt* sind. Es wird nicht aufgefordert, nach dem Grunde des Weglaufens zu forschen, Anordnungen zur Untersuchung der *Konfliktsituation,* die *immer zugrundeliegt,* in der Familie oder im Heim, werden nicht getroffen. Dafür wird immerfort betont, daß alles geschehe „zum Wohle des jungen Menschen". Die Lage wäre gewiß klarer, polizeiliche Suchaktionen wären seltener nötig, wenn den aufnehmenden Angehörigen eines mißhandelten Kindes die Sicherheit gegeben wäre, dieses würde nicht ohne alle Nachforschung an seine Peiniger zurückgegeben.

Es sei hier an die Forderung von Kriminaloberrat Bauer erinnert, jedem Fortlaufen eines Kindes von zu Hause müsse eine gründliche Untersuchung mit Feststellung der Gründe folgen; dadurch könnten viel mehr Mißhandlungsfälle geklärt werden. Aber auch der aus einem Heim ausreißende Jugendliche hat ein Recht auf Ernstnehmen und Nachprüfen seiner Probleme. „Entweichen" ist eines der am schwersten geahndeten Vergehen in Fürsorgeheimen. Der Karzer ist einer der wesentlichen Gründe zum Fortlaufen. Das Fortlaufen wird wiederum mit Karzer bestraft.

Die *Prügelstrafe,* obwohl von größter Tragweite zur Verhinderung und Beurteilung von Mißhandlungen wird im Gesetzentwurf nicht angesprochen. Daß Züchtigungen keinen erzieherischen Zweck erfüllen, die Einsicht des Kindes nicht fördern, sondern die Persönlichkeit unterdrücken und vielleicht zerbrechen, ist eine pädagogische Einsicht, die nicht nur viele Eltern vermissen lassen; auch bis in unser Familienministerium ist sie noch nicht gelangt. In seinem bereits erwähnten Vorwort zum Forschungsbericht über Kindesmißhandlungen nennt Professor Hornstein es „auffallend", daß „das Problem Kindesmißhandlung bisher kaum einmal als eine sozial-pädagogische Angelegenheit und in diesem Sinne als eine *Provokation an die Jugendhilfe* betrachtet worden ist.

Ein anderes Thema, das sowohl für Mißhandlungen wie auch allgemein für die primitiven und falschen Erziehungsvorstellungen vieler Eltern von größter Wichtigkeit wäre, ist die Unterweisung solcher Eltern.

Elternberatung völlig ungenügend

„Viele Fehlentwicklungen des Kindes wie Aggressionen und Neurosen sind auf Erziehungsfehler der Eltern zurückzuführen. Körperliche Strafen bis zu Mißhandlungen entspringen nicht immer der Brutalität, sondern auch der Unfähigkeit infolge der Unkenntnis, Kinder richtig zu erziehen... Die steigende Kinderkriminalität offenbart meist einen Kinderkonflikt, der auf pädagogisches Fehlverhalten zurückzuführen ist." (Deutscher Kinderschutzbund)
Was geschieht nun von verantwortlicher Seite gegen solche Fehlleistungen? Man macht Elternberatung. Das sah zum Beispiel in dem Bericht des Münchner Jugendamtes vom Mai 1971 so aus:

Bei den Maßnahmen für gefährdete Kinder konnten Fortschritte erzielt werden... Wegen der nicht ausreichenden Kapazität der Erziehungsberatungsstellen konnte jedoch eine Vielzahl von Fällen nicht bearbeitet werden. Der Einsatz hauptamtlicher Erziehungsbeistände im Jugendamt und bei den Verbänden... *reicht aber bei weitem nicht aus,* um den tatsächlichen Bedarf an erzieherischen Hilfen zu decken.
Ebenfalls *konnten* bisher die geplanten Beratungs- und Besprechungsgruppen für Eltern, deren Kinder auf dem Wege der Freiwilligen Erziehungshilfe in Heimen untergebracht sind, *nicht eingeführt werden. Maßnahmen zur Prophylaxe der Kindesmißhandlungen konnten* aus sachlichen und personellen Gründen *nicht durchgeführt werden...*
Die pädagogische Wirksamkeit der Heime hängt entscheidend von ihrer personellen Ausstattung ab. Der Anteil der erziehungsgestörten und in ihrer Entwicklung behinderten oder geschädigten Kinder ist überaus groß, wie eine sehr sorgfältige Untersuchung in einem der städtischen Heime eindeutig belegt. Die dringend notwendigen heilpädagogischen und therapeutischen Maßnahmen konnten in ausreichendem Maße bisher nicht getroffen werden, weil für ein ent-

sprechendes Fachpersonal *keine Planstellen* geschaffen wurden. Trotz erheblicher Verbesserungen der Anstaltsbedingungen ist die Prognose, ausreichend Kräfte für die Heimerziehung zu erhalten, noch immer sehr ungünstig."

Warum Personalmangel?

Warum sind die Aussichten ungünstig? Weil oft die Bezahlung gering ist, die Arbeitsbedingungen besonders erschwert sind, etwa in „Verwahrheimen" mit nicht selten rabiaten Jugendlichen, besonders dann, wenn in einem solchen Heim nicht alle Planstellen besetzt sind, wenn vier Mitarbeiter die Arbeit von sieben übernehmen müssen, ohne irgend einen Ausgleich. Schon die personelle Zusammensetzung der Jugendämter selbst führt zu Schwierigkeiten in der Zusammenarbeit, weil bis zu 50% der Stellen mit Verwaltungsbeamten besetzt sind, wo nur ausgebildetes Personal der Aufgabe gerecht werden könnte. Sozialarbeiter meiden unter diesen Bedingungen die Arbeit im Jugendamt. Psychologen sind in der Tat „Mangelware"; dafür garantiert auch für die Zukunft der numerus clausus für Psychologie an den deutschen Universitäten.
Natürlich enthält der Bericht des Jugendamtes auch Positives. Dennoch muß die Tatsache, daß auf so eminent wichtigen Gebieten wie Elternbildung und Vorbeugung bei Kindesmißhandlung die vorgesehene Beratertätigkeit wegen Mangel an Personal, Mangel an Planstellen, Mangel an Geldmitteln nicht durchgeführt werden konnten, zu größter Sorge Anlaß gaben. Dazu ein paar Zahlen: In Bayern kommt auf 194000 Einwohner eine Erziehungsberatungsstelle; die als notwendig erachtete Norm liegt bei 50000. Manche sind an 5 Tagen in der Woche zugänglich, andere an einzelnen Vormittagen, manche nur einen halben Tag in der Woche. Die meisten der Beratungsstellen werden bisher schon den Kirchen, vorwiegend der katholischen Kirche überlassen. Wartezeiten sind üblich, zwischen 4 Wochen und *18 Monaten*. Unnötig zu sagen, daß nach so langer Zeit der aktuelle Anlaß im Alltag längst untergegangen ist, das Problem sich vielleicht nach der einen oder anderen Seite längst selbst gelöst hat. Welche Mutter verlöre nicht den Elan,

wenn sie sich schon einmal aufrafft, den Weg in die Stadt macht und steht dann vor verschlossener Türe?

Nun sind die Formulierungen über Familienerziehung und Elternberatung im Entwurf für das neue Jugendhilfegesetz unter den wenigen Themen, die einen echten Fortschritt für die Situation des Kindes bedeuten. Auch Pflege- und Adoptiveltern sollen besser beraten, alleinstehende Elternteile besonders unterstützt werden. Vielseitige Beratungsangebote sollen gewährleisten, „daß der Erziehungsanspruch des Kindes weitestgehend in der Familie erfüllt werden kann". Jugendhilfe soll weit mehr als bisher „im weiten Vorfeld der Erziehungsschwierigkeiten wirksam werden". Diese Beratung stellt sich wesentlich als „neue Aufgabe", die noch der Entwicklung bedarf und die „das Zusammenwirken verschiedener Fachbereiche erfordert". Es bleibt abzuwarten, wie diese theoretischen Anweisungen in der Praxis realisiert werden sollen. Die weitere Feststellung, daß diese Bildungsarbeit in erster Linie Aufgabe der freien Träger der Jugendhilfe sein soll, muß angesichts der bisherigen Erfahrungen auf erzieherischem Gebiet skeptisch stimmen. Freie Träger – das sind in erster Linie immer die Kirchen; Erziehungs- und Ehefragen können heute nicht mehr vorwiegend aus konfessioneller Sicht angegangen werden.

Auch der Passus über „Bildungsangebote an junge Menschen, die sich auf die Elternschaft vorbereiten *wollen*", ist zu bedenken. Denn auch die beste Elternarbeit nützt wenig, wenn sie gerade die Kreise nicht erreicht, die der Hilfe am meisten bedürfen: die Familien in den Obdachlosen- und Randsiedlungen, die von sich aus kaum um Hilfe nachsuchen, die aber weitgehend die dissozialen und kriminellen Jugendlichen hervorbringen. Um hier helfen zu können, müßte man sich differenziertere Methoden einfallen lassen. Etwa indem man in diesen Wohngebieten unmittelbar Spielkreise für die Kinder einrichtet. Viele Mütter wären froh, wenn man ihnen die Kinder – vielleicht zweimal in der Woche – abnähme. Psychologe und Fürsorgerin hätten einen Grund zu Besuch und Kontaktaufnahme bei diesen Eltern.

Natürlich konnten hier nur einige Punkte des Diskussionsentwurf eines Jugendhilfegesetzes behandelt werden. Aber aus dem Gesagten geht dennoch hervor, wie berechtigt die Beanstandungen durch

Fachleute sind. Das ist um so mehr zu bedauern, als ein solches Gesetz doch für Jahrzehnte, wenn nicht für Generationen Gültigkeit haben sollte. Leider bietet bisher auch der „Entwurf eines Gesetzes zur Neuregelung des Rechts der elterlichen Sorge“ vom Bundesjustizministerium wenig Aussichten zur Sicherstellung eines echten Kindesrechtes. Weiterhin dominiert auch in der Justiz das Elternrecht.

Neues Familienrecht erforderlich

Der Deutsche Kinderschutzbund spricht von einer „notwendigen Neufassung des gesamten Jugend- und Familienrechts“. Wir brauchen „ein wirklichkeitsnahes und flexibles Familienrecht, bei welchem auch eine Änderung vormundschaftlicher Anordnungen immer dann eintreten kann, wenn es das Wohl des Kindes erfordert. Die Ermessensfreiheit des Richters muß erweitert werden.
Ein Kind, welches das 10. Lebensjahr erreicht hat, sollte bei Entscheidungen über seinen Verbleib... angehört werden. Es darf niemals Objekt der Willkür Erwachsener sein. Das Recht der Personensorge muß geändert werden. Ein Kind besitzt schon vom Grundgesetz her in gleichem Maße Rechte wie ein Erwachsener. Es ist nur in der Ausübung dieser Rechte beschränkt. Soweit der DKSB.

Das Grundgesetz ist ergänzungsbedürftig

Wolfgang Metzger präzisiert diesen Gedanken weiter und schlägt entsprechende Ergänzungen für das Grundgesetz vor, und zwar für die Artikel 1, 2 und 3. Zum Teil genüge die Feststellung, daß die betreffenden Artikel nicht erst von einem bestimmten Alter an, sondern schon auf das neugeborene Kind anzuwenden sind.

„Das bedeutet: für Art. 1 (1): Schon die Würde des kleinsten Kindes ist unantastbar. Sie zu achten und zu schützen ist die Verpflichtung aller staatlichen Gewalt.

Für Art. 2 (1): Jeder, auch das kleinste Kind hat das Recht auf die freie Entfaltung seiner Persönlichkeit, auf Leben und körperliche und seelische Unversehrtheit."

Bei dem Art. 3 müsse ausdrücklich hervorgehoben werden, daß er auch für das Kind gelte. Da das Kind nicht von Anfang an alle Rechte eines Erwachsenen ausüben kann, solle für eine künftige Ziffer (3) anstelle des Wortes „gleichberechtigt" das Wort „gleichwertig" gelten. Das würde dann heißen:
Art. 3 (3): Kinder und Erwachsene sind gleichwertig.
Metzger folgert daraus, „daß es in der künftigen Gesetzgebung gegenüber Kindern, wie gegenüber Ehefrauen oder Angestellten, kein Züchtigungsrecht mehr geben darf, da dieses... auf jeden Fall die Würde des Kindes verletzt... Bei der Ahndung von Schäden und Verletzungen, die ein Kind durch einen Erwachsenen erlitten hat, sollte die Tatsache, daß das Opfer „nur" ein Kind ist, *nicht mehr,* wie bisher vielfach üblich, *strafmildernde,* sondern künftig, wegen der Wehrlosigkeit des Opfers, *strafverschärfende Wirkung* haben, daß also derjenige, der ein Kind in irgend einer Weise schädigt, sicher sein muß, von der vollen Schärfe des Gesetzes getroffen zu werden".
Auch das übliche stillschweigende Vorurteil zugunsten des Erwachsenen bei rechtlichen Auseinandersetzungen zwischen Erwachsenen und Kindern dürfte keinesfalls geduldet werden. „Zu bekämpfen ist besonders die gegenwärtige Unsitte, bei einem Verkehrsunfall, dessen Opfer ein angefahrenes Kind ist, *ohne jede Untersuchung* bei einem Kind ‚Unachtsamkeit' vorauszusetzen und die trauernden Eltern dadurch noch zu gänzlich unbegründeten Zahlungen an den Töter ihres Kindes zu zwingen.
Diese Forderung ist nicht unbegründet. Die Praxis unserer Gerichte beweist, daß die Parteilichkeit zugunsten des Erwachsenen gelegentlich bis an die Grenze des Kriminellen geht."

12. „Kein Geld…“

Die Gesellschaft, welche heute ihre Jugend vernachlässigt, wird morgen die Verbrecher haben, die sie verdient. (Armand Mergen)

„Kindergangster vom Hasenbergl sind gefaßt – Zwei Kinder als eiskalte Berufsverbrecher – Brutaler Gangster erst elf Jahre alt – Zehnjährige klauen wie Profis… Die schon frühzeitig straffällig gewordenen Jugendlichen, deren Zahl ständig steigt, bilden, so formulierte es der Jugendstrafrechtler Rudolf Sieverts, die Kerntruppe des gefährlichen Gewohnheitsverbrechertums.“ (Südd. Ztg. vom 9.12.70)

„Aus meinem Material geht hervor, daß 92 Prozent der verurteilten Delinquenten nachweislich in ihrer Kindheit vernachlässigt wurden und gelitten haben. Dieser Faktor ist also real und wichtig.“ (Armand Mergen)

Jedoch der Staat hat für seine Jugend „kein Geld“. Wirtschaftliche Schwierigkeiten und Mitarbeitermangel – auch aufgrund von Geldmangel – wurden als wesentliche Ursachen für das katastrophale Versagen unserer Erziehungs-Anstalten angegeben. Unter hohem Aufwand an Bau- und Personalkosten wird zur Zeit ein „neues pädagogisches Zentrum“ zur Korrektur auffälliger Verhaltensweisen bei Jugendlichen in Rummelsberg bei Nürnberg erstellt. 24 gefährdete Jugendliche können in die „Intensivstation“ aufgenommen werden – von wievielen, die eine solche Behandlung brauchen würden? Wie hoch sind die Kosten für jeden „Patienten“? Warum sind die Jugendlichen auffällig geworden? Hätte man das verhindern können? Aber solche Untersuchungen werden nicht angestellt. Und garantiert die Intensiv-Station, wie man sie „bahnbrechend“ in Rummelsberg einrichten will, auch die richtige Behandlung? Wieder geschlossene Abteilung, wenn auch vielleicht mit Panzerglas anstelle der bisher üblichen Fenstergitter? Und vor allem: Man überläßt wiederum der (evangelischen) Kirche die Errichtung und Unterhaltung eines solchen Objektes, weil der Staat – wieder einmal – dafür *kein Geld* hat.

„Kein Geld" ist die beliebteste Erklärung für alle behördlichen Unterlassungen. Wenn die BRD, einer der wohlhabendsten Staaten der Erde, in einer Zeit der Hochkonjunktur kein Geld für elementarste Aufgaben der Jugendfürsorge aufbringt, wie sollen dann unterentwickelte Länder solche Aufgaben meistern? Wie soll zum Beispiel Indien, wo der größere Teil der Einkommen so klein ist, daß davon keine oder nur geringe Einkommensteuer anfällt, seine sozialen Probleme angehen, die wahrhaftig andere Dimensionen haben als unsere?

Ein paar Zahlen aus der BRD nach Presseberichten: Die höchstbezahlten Manager in Westdeutschland, die Vorstandsmitglieder der Kaufhof AG, verfügten im Jahre 1972 über Durchschnittsbezüge von 684000 Mark; das Einkommen eines Top-Managers entsprach den Löhnen und Gehältern von mehr als 50 Angestellten des gleichen Unternehmens. Sechs Aufsichtsratmitglieder von BMW teilten sich im gleichen Zeitraum in 400000 Mark; die meisten Aufsichtsratmitglieder bekleiden mehrere solcher Posten und haben „daneben" noch einen Hauptberuf. Mitglieder von Regierungen wollen nicht zurückstehen. Der Finanzminister von Bayern, Ludwig Huber, bezieht jährlich 73000 Mark auf die gleiche Weise neben seinem Ministergehalt. Die Tätigkeit eines Ministers scheint dem Betroffenen auch viel freie Zeit für einträgliche Nebenbeschäftigungen zu lassen. Eine Verkäuferin beim Kaufhof, die mit 1000 Mark Einkommen vielleicht noch ein Kind ernähren muß, würde diese Zeit auf keinen Fall aufbringen können. Einnahmen von Industriellen sind unbekannt. Immerhin kann eine Münchner Firma, offenbar mit Erfolg, laufend Pelzmäntel annoncieren für 60000, 90000, 120000 Mark für einen Mantel.

Vergeudete Steuergelder

Niemand weiß, wieviel an Steuergeldern jährlich vergeudet wird. Die Rechnungshöfe geben jeweils einige Illustrationen dazu. Der Bund der Steuerzahler bezeichnet die Staatsarmut als ein „Märchen". Einsparmöglichkeiten würden übersehen oder bewußt mißachtet. Was an überflüssigen Subventionen, Fehlinvestitionen für sinnlose Projekte hinausgeworfen wird, kann niemand sagen. Dazu gehöên auch sogenannte soziale Unterstützungen an ein finanziell zwar nicht üppig, aber ausreichend gestelltes Kleinbürgertum. Grotesk daran ist, daß solche Gelder auch von den wirklich Bedürftigen in den Stadtrandsiedlungen durch indirekte Steuern aufgebracht werden müssen.

Wie ein roter Faden durchzieht die finanzielle Frage alle Gebiete des auf diesen Seiten behandelten Problems. Wiederholt wurde dargetan, daß einschneidende und sehr hilfreiche Reformen vielfach ohne allen finanziellen Mehraufwand möglich wären, ja erhebliche Einsparungen bringen könnten. Aber auch auf diese Vorschläge wird nicht zurückgegriffen. So ist Heimeinweisung das immer noch groß geschriebene Wort bei Ämtern, auch bei Richtern. Jedes *Heimkind kostet 900 bis 1800 Mark (vorwiegend) an Steuergeldern in jedem Monat.* Aber es ist so einfach, „ein Heimkind verwaltet sich so leicht". Und das Jugendamt braucht sich nicht um Unterkommen von Mutter und Kind, um Beratung, um Sozialhilfe-Unterstützung zu kümmern. Die Heime sind außerdem „dazu da, um gefüllt zu werden".

Vor allem ist die Zauberformel „dafür ist kein Geld da" so bequem, sie enthebt die verantwortlichen Stellen allen weiteren Nachdenkens. Genau genommen ist dieser Einwand gerade bei der so sehr gravierenden Jugendpolitik kein stichhaltiges Argument. Wenn zum Beispiel der Finanzminister lapidar erklärt, er lehne den Einsatz eigener Jugendrichter ab, weil für diese eine besondere Ausbildung nötig sei, und dafür sei eben „kein Geld" da, so drängt sich die Frage auf: hat sich der Minister sorgfältig genug von Fachgremien beraten lassen? Wurden die Prioritäten genügend geprüft?

Das „Herkömmliche Konzept"

In Wirklichkeit scheitern die Reformen letztlich gar nicht an der Geldfrage. J. K. Galbraith, einer der Berater des amerikanischen Präsidenten John F. Kennedy, der schon 1958 feststellte, daß in

unserem Wirtschaftssystem der einzelne Bürger immer reicher, der Staat immer ärmer würde und immer weniger seinen Aufgaben nachkommen könne, fand auch treffende Ausführungen für eben diese Trägheit der Masse. Er prägte den Begriff „das herkömmliche Konzept". Das heißt, es ist das Althergebrachte, das Wohlvertraute, was das Publikum hören will und was es annimmt. Reden werden darauf zugeschnitten. Daraus ergibt sich „zwangsläufig, daß man sich in öffentlichen Verlautbarungen – bei Äußerungen von *Prominenten* so gut wie *immer* – damit begnügt, *altbekannte Weisheiten wiederzukäuen*... also was ich das Herkömmliche Konzept nenne... Ideen sind an und für sich konservativ. Sie weichen nicht dem Vorstoß anderer Ideen, sondern nur dem massiven Ansturm objektiver Umstände".
Diese Gedanken gelten auch für unser Thema. Die große Masse, das sind in erster Linie die Eltern, hält entgegen allen neuen Erkenntnissen am Überlieferten fest; auch in Amtsstuben und Ministerien herrscht noch lange, schwer ausrottbar, das herkömmliche Konzept. Auch ein politischer Aspekt ist bei diesem Gedanken nicht zu übersehen. So ist auch in der Heimerziehung das herkömmliche – und angeblich bewährte – Denken nicht nur überholt; es ist auch „einfach undemokratisch, Jugendliche, die sich nicht reibungslos anpassen (aus Gründen, die nicht ihre Schuld sind, sondern unsere), in „strenge" Erziehungsheime zu geben, statt die individuellen und gesellschaftlichen Ursachen ihrer Probleme anzugehen. Die Demokratisierung der Jugendfürsorge, ja schon das offene Eintreten für die Opfer der gesellschaftlichen Konflikte, führt zu großem (politischen) Mißtrauen – weil richtig erkannt wird, daß man hiermit an (überholten) Traditionen rüttelt." In der Tat „zeigen traditionelle Heimerziehung und ihr Vorfeld bisher fast keine demokratischen Ansätze; und sie haben es fertig gebracht, die wissenschaftlichen Erkenntnisse der letzten 50 Jahre zu ignorieren... Von den Behördenvertretern, denen diese Tatsachen nur allzu gut bekannt sind, wird durch die Blume gesagt, daß sie gegen die großen Heimträgerverbände machtlos sind". (Ulrich Seibert)
Zwar: Säuglingsheime sind schon im Abnehmen begriffen. Fortschrittliche Jugendämter bedienen sich zur Behandlung sozial auffällig gewordener Jugendlicher oft nicht mehr der Fürsorgeerzie-

hung. Tatsache ist aber auch: In den letzten 10 Jahren ist der Anteil der Jugendlichen an den von der Polizei überführten Straftätern auf 33 Prozent gestiegen.

Um die *Ursachen* zu dieser Entwicklung anzugehen, sind Maßnahmen nötig, die die Abschaffung von Benachteiligung und Armut, von Isolierung und Erziehungsnotständen bei unwissenden und ihrerseits geschädigten Eltern zum Ziele haben. Aber eben an diesen vorbeugenden Maßnahmen mangelt es. Nach der Erhebung eines Tübinger Teams von Pädagogen fehlen in der BRD neben Mütterberatung, therapeutisch orientierter Vorschulerziehung (besonders in den Problemgebieten) mehr als 900 Erziehungsberatungsstellen samt Mitarbeitern; bei den Jugendämtern allein fehlen – um differenziertere Arbeit leisten zu können – etwa 18000 Sozialarbeiter. Die Trägerverbände geben einen Bedarf von 20000 ausgebildeten Mitarbeitern an. Für den gesamten Bereich Sozialarbeit kommt die Tübinger Untersuchung zu einem Nachholbedarf von 40 bis 50000 qualifizierten Fachkräften. Nur jeder vierte Student der Sozialwissenschaften wird zum Studium zugelassen, weil die Ausbildungstätten nicht ausreichen. In der Bundesrepublik fehlt ein entsprechendes, wissenschaftlich fundiertes Ausbildungssystem, wie es das in anderen Ländern bereits gibt. (Thiersch/Colla in Südd. Zeitung v. 27./28.4.74)

Die Kinder, die heute in die Säuglingsheime kommen, werden erst in zwanzig Jahren erwachsen sein. Die Zeit drängt wahrhaftig. Aber solange die brennend nötigen Maßnahmen nicht ergriffen werden, Regierung und Gesetzgeber in Trägheit verharren, in falscher, oberflächlicher Dringlichkeitseinstufung die notwendigen Mittel nicht flüssig gemacht werden, so lange bleiben der geförderten Entwicklung zum Außenseiter, zum Rechtsbrecher auch noch für die fernere Zukunft die Tore weit geöffnet.

Bernhard Hassenstein schließt einen seiner Vorträge mit den folgenden Worten: „Das Kennenlernen der natürlichen biologischen Grundlagen des Verhaltens kann es uns ermöglichen, die Menschenkinder humaner zu behandeln und das Menschliche in ihnen störungsfreier als bisher zur Entfaltung zu bringen.“ Bei aller Erkenntnis durch die Vernunft – werden menschliche Fähigkeiten ausreichen, um dieses naheliegende Ziel jemals zu erreichen?

Anhang

Frau
Dr. Katharina Focke
Bundesministerium für Jugend,
Familie und Gesundheit
53 Bonn-Bad Godesberg
Postfach 490

Sehr geehrte Frau Minister!
Sie haben auf Ihrer Pressekonferenz vom 27. Februar dieses Jahres die Arbeitspläne Ihres Ministeriums für die nächste Zukunft programmatisch erläutert...
In diesem Zusammenhang geben uns Ihre Äußerungen die Gelegenheit, einen speziellen Aspekt aus dem umfangreichen Katalog der Kindesfragen herauszugreifen und nachdrücklich auf die *Gefahren der Massenbehandlung von Säuglingen und Kleinkindern in Heimen* aufmerksam zu machen, auf den sog. Säuglingshospitalismus...
Dieses Problem, in der Forschung hinlänglich bekannt, wird in der Öffentlichkeit noch immer kaum, von den zuständigen staatlichen (und vor allem kirchlichen) Stellen viel zu wenig beachtet, häufig nicht einmal von Ärzten in seiner ganzen Tragweite erkannt.
Wir gehen von der nunmehr wissenschaftlich gesicherten Erkenntnis aus, daß die ersten drei Lebensjahre, die sog. „sensible Entwicklungsperiode" (Pechstein), entscheidend für die Entwicklung eines Menschen sind. Das bedeutet, daß die auch von Ihnen geforderte „Bemühung um Chancengleichheit durch bessere Erziehungsvoraussetzungen" bereits im Säuglingsalter einsetzen muß. Konsequenzen aus dieser Einsicht wurden bei uns, was die gegenwärtige Situation der Säuglings- und Kinderheime betrifft, bisher nur in unzureichendem Maße gezogen.
Professor Johannes Pechstein, Direktor des Kinderneurologischen Zentrums in Mainz, stellt auf Grund eigener ausgedehnter Untersuchungen im ganzen Bundesgebiet, die im Auftrage der Forschungsstelle für Pädiatrie an der Universität München durchgeführt wurden, fest:

„Es müssen die seit Pfaundler (1909!) bekannten Erscheinungen der Massenpflegeschäden in den deutschen Säuglings- und Kleinkinderheimen als nach wie vor in bedrückendem Maße verbreitet angesehen werden. Die Untersuchungen erwiesen erstmals die Bedeutung der psychosensoriellen Deprivation als eines gesellschaftlichen Massenproblems, das bisher weitgehend unterschätzt wurde und dringender Maßnahmen zu seiner Abhilfe bedarf. Nach den vorliegenden Zahlen sind davon alljährlich mindestens 10000 (neu eingewiesene) Kinder betroffen (aus: Verlorene Kinder, Kösel-Verlag, 1972).

Andreas Mehringer, langjähriger Waisenhausdirektor in München, schildert die Situation folgendermaßen:

Am meisten betroffen waren wir von den Kindern, die wir mit 1, 1½, oder 2 Jahren aus den Säuglingsheimen übernahmen... sie waren alle gleich... geschädigt, seelisch gestört, verwahrlost, schwierig. Sie können mit 2 Jahren noch nicht laufen, kaum stehen, sie können nicht sprechen, nicht spielen, nicht lachen, weil niemand Zeit hat, ihre ersten Schritte zu überwachen... Wer die Lage kennt, wird von Alpträumen verfolgt, wird die Bilder nicht los, die Bilder dieser seelisch verkümmerten Kinder mit ihren nicht einmal mehr traurigen, mit ihren leeren Gesichtern... Der Leiter eines großen Verbandes, Träger vieler Heime, entrüstet sich: ‚Mit den Kindern Zeit zu vertrödeln (d. h. ihnen die lebenswichtige menschliche Zuwendung zuteil werden zu lassen), das kann sich ein Verband nicht leisten'."

Es gibt genügend andere Veröffentlichungen, die diese Feststellungen bestätigen.
Auch die Kriminalprognoseforschung kommt zu dem Ergebnis, daß die Persönlichkeit des straffälligen jungen Menschen vor allem in den ersten Lebensjahren geformt wird. Angst, die das Ergebnis mangelnder emotionaler Zuwendung einer ständigen Bezugsperson ist, führt zu Aggressivität und Delinquenz. Auch die Opfer schwerer körperlicher Kindesmißhandlungen sind vorwiegend ehemalige Heimkinder...
Diese Berichte sind alarmierend...
Um den geschilderten Mißständen in den Heimen wenigstens teilweise zu begegnen, erscheinen uns folgende Maßnahmen erst einmal dringend geboten:

- Reduzierung der Zahl der Kinder pro Bezugsperson auf maximal 4 bis 5
- Freistellung der Pflegepersonen von berufsfremder Arbeit zugunsten einer Intensivierung des persönlichen Kontaktes mit den einzelnen Kindern
- Kein Wechsel der Bezugspersonen (weder Personal noch Kinder dürfen von Abteilung zu Abteilung, von Heim zu Heim versetzt werden
- Gründliche pädagogische und psychologische Ausbildung des Pflegepersonals

– Familienähnliche Strukturierung der Heime
– Bessere Bezahlung des Pflegepersonals, um auch auf diesem Wege den Beruf des Erziehers attraktiver zu machen.

Finanzielle Erwägungen dürfen angesichts des Unrechts, das an diesen Kindern geschieht, die längst überfälligen Maßnahmen keinesfalls verzögern oder gar verhindern.

Mit freundlichen Grüßen
HUMANISTISCHE UNION
(Dr. Hans Robinson)
Vorsitzender

Der Bundesminister
für
Jugend, Familie und Gesundheit
222–1995–2
An den Vorsitzenden der
Humanistischen Union
Herrn Dr. Hans Robinsohn
2 Hamburg 13
Parkallee 65
Betr.: Gefahren der Heimerziehung

Sehr geehrter Herr Dr. Robinsohn!
Für Ihr Schreiben vom 7. d.M. danke ich vielmals. Ihre Ausführungen und Vorschläge habe ich mit Interesse zur Kenntnis genommen.
Dem Bundesministerium für Jugend, Familie und Gesundheit ist die Heimkinder-Retardation als Problem der Erziehungshilfe ebenso bekannt wie die frühkindliche Deprivation in Säuglingsheimen und der Hospitalismus als Frustrationsform in der Heimerziehung. Eine Sachverständigenkommission, die der Bundesregierung wertvolle Vorarbeit für die Reform des Jugendhilferechts geleistet hat, hat diese und andere Erkenntnisse aus Wissenschaft und Praxis bei der Erarbeitung des Diskussionsentwurfs eines Jugendhilfegesetzes berücksichtigt. In diesem Zusammenhang ist u.a. auf die §§ 52 ff. des Diskussionsentwurfs zu verweisen, in denen Voraussetzungen und Formen der Erziehung außerhalb des Elternhauses geregelt werden. Im Unterschied zum geltenden Recht soll künftig vor der Entscheidung über die zu gewährende Erziehungshilfe eine psychosoziale

Diagnose durch Fachkräfte erstellt werden. Bedarf es zur Feststellung von Art, Ursache und Umfang der Erziehungsschwierigkeiten weitere Untersuchungen, ist vor Einleitung der Erziehungshilfe für eine mehrdimensionale medizinisch-psychologische Begutachtung des jungen Menschen zu sorgen. Ein solches Gutachten ist erforderlich, wenn Erziehungshilfe außerhalb des Elternhauses gewährt werden soll. Hierzu gehört ferner, daß der Ausbau der sogenannten offenen Hilfen im Vorraum der Heimerziehung wie z.B. Erziehungsberatung und Erziehungsbeistandschaft, einen besonderen Schwerpunkt der Jugendhilferechtsreform bildet.
Im Rahmen dieser Reform gehört zum Schutz Minderjähriger außerhalb des Elternhauses ferner der Abschluß eines Pflege- und Erziehungsvertrages, der stets der Genehmigung des Trägers der Jugendhilfe sowie bei mehr als einjähriger Dauer der Zustimmung des Vormundschaftsgerichts bedarf. Im letztgenannten Fall hat das Vormundschaftsgericht mindestens einmal jährlich zu prüfen, ob der Aufenthalt des jungen Menschen in dem Heim oder in der Einrichtung weiterhin erforderlich ist. Die Bundesregierung hofft, auf diese Weise den von Ihnen genannten Erscheinungen wirksam entgegentreten zu können.
Im Hinblick auf die von Ihnen als notwendig erachtete Reform des Heimwesens darf ich noch darauf hinweisen, daß die Länder die Bundesgesetze grundsätzlich als eigene Angelegenheit ausführen (Artikel 30 und 83 GG). Das gilt für das Gesetz für Jugendwohlfahrt (JWG), also für die extrafamiliäre Unterbringung nach den §§ 5, 6 und Abschnitt VI JWG ebenso wie für ein künftiges Jugendhilfegesetz.
Wegen der sehr ins Detail gehenden Ausführungen auf S. 3 Ihres Schreibens/Fußnote: Vorschläge für Maßnahmen im einzelnen stelle ich aus den genannten verfassungsrechtlichen Gründen anheim, sich an die Bundesarbeitsgemeinschaft der Landesjugendämter und überörtlichen Erziehungsbehörden, 5 Köln-Deutz, Landeshaus, Kennedyufer 2, zu wenden.

Mit freundlichen Grüßen
gez. Katharina Focke

§ 52 des Diskussionsentwurfs:

(1) Einem jungen Menschen ist Erziehungshilfe außerhalb des Elternhauses zu gewähren, wenn eine Entwicklungsgefährdung oder -störung auf andere Weise nicht zu beheben ist.
(2) Der Anspruch auf Erziehungshilfe außerhalb des Elternhauses wird insbesondere durch Erziehung in einer Familie oder in einer Einrichtung verwirklicht. Die Dauer des Aufenthaltes ist durch den Einsatz eingehender gezielter pädagogischer, therapeutischer und sozialer Hilfen auf das unerläßliche Maß zu beschränken.

(3) Der junge Mensch ist seiner Eignung und Neigung entsprechend schulisch und beruflich aus- und fortzubilden. Bei der Berufswahl sind seine Wünsche zu berücksichtigen. Es ist darauf zu achten, daß ihm die Chance einer befriedigenden beruflichen Existenz eröffnet wird.
usw. usw.

§ 53 DE:
Erziehung in einer anderen Familie
(1) Erziehung ist in einer Familie zu gewähren, wenn
1. diese in besonderer Weise geeignet ist, mit entsprechender fachlicher Unterstützung, die für den jungen Menschen erforderliche Hilfe zu leisten,
2. zur Unterstützung entsprechende therapeutische Einrichtungen oder Dienste in Anspruch genommen werden können ... usw.

Von Säuglingen, Kleinkindern, Säuglingsheimen ist nicht die Rede.

Art. 30 GG:
Die Ausübung der staatlichen Befugnisse und die Erfüllung der staatlichen Aufgaben ist Sache der Länder, soweit dieses Grundgesetz keine andere Regelung trifft oder zuläßt.

Art. 83 GG.
Die Länder *führen die Bundesgesetze* als eigene Angelegenheit *aus,* soweit dieses Grundgesetz nichts anderes bestimmt oder zuläßt.

Literaturverzeichnis

Bayerischer Rundfunk, Das Notizbuch, 14.3.73

Bauer, Günther: die Kindesmißhandlung, Ein Beitrag zur Kriminologie und Kriminalistik... Lübeck 1969

Becker, W.: Zum Problem der Kindesmißhandlung, Therapie der Gegenwart 1968 v. Biermann zit.

Biermann, Gerd: Kindeszüchtigung und Kindesmißhandlung, eine Dokumentation, München 1969

Brocher, Tobias: Plädoyer für eine kritische Jugend, in Pardon 9/66, v. Biermann zit.

Damborska, Marie: Zur Symptomatik des Deprivations-Syndroms, Das Deprivationssyndrom in Prognose, Diagnose und Therapie, Bericht der Arbeitstagung v. Mai 68 für Heimärzte und Heimleiter, Frankfurt 1970

Diskussionsentwurf eines Jugendhilfegesetzes, Bonn-Bad Godesberg 1973

Falk, W. und Maresch, W. Mißhandlungen in: Monatsschrift für Kinderheilkunde, 4/67

Flitner, Andreas: Moderne Kindererziehung, Konzeptionen und Mißverständnisse, in Kinderschutz aktuell, DKSB

Galbraith J. K.: Gesellschaft im Überfluß, München 1959

Gill, Ramon: Kinderkriminalität, Fernsehen, Radio Bremen, 1972

Glueck, S. und E.: Jugendliche Rechtsbrecher, Stuttgart 1972.
Delinquents and Nondelinquents in Percpective, Cambridge, Mass. 1968

Hassenstein, Bernhard: Festvortrag anl. d. Verleihung d. Hufelandpreises 1970
Festvortrag anl. d. 100jährigen Bestehens des nat.-med. Vereins, Innsbruck 1970

Heldmann, Hans Heinz: Kinderfeindlichkeit in der Bundesrepublik, Vortrag auf einer Tagung der Humanistischen Union in Köln, 1973

Hellbrügge, Theodor: Zur Spätprognose der frühkindlichen Deprivation bei Heimkindern. Das Deprivations-Syndrom... Frankfurt 1970

Hellbrügge/Pechstein: Pädiatrische Merksätze zur Situation der Säuglingsheime in Unsere Jugend, 7/67

Hess, Henner und Mechler, Achim: Ghetto ohne Mauern, Ein Bericht aus der Unterschicht, Frankfurt 1973

Höbel, Brigitte und Seibert, Ulrich: Bürgerinitiativen und Gemeinwesenarbeit, München 1973

International Child Werfare Review, Genf, 9/70

Kohlhaas, Max: Ungenügender Schutz vor Kindesmißhandlung, Südd. Rundfunk, 17.9.67

Köttgen, U., Mißhandlungen in: Monatsschrift für Kinderheilkunde, 4/67

Landeshauptstadt München: Wohnungen für Obdachlose, Beiträge zur Stadtentwicklung, München 1966

Loccumer Protokolle, 6/71, Mütter und Kinder ohne Chancengleichheit

Meierhöfer, Marie: Frühe Prägung der Persönlichkeit, Bern 1971

Meierhöfer, M. und Keller W.: Frustration im frühen Kindesalter, Bern 1965

Mehringer, Andreas: Über Hospitalismus und Eingliederung des Heimkindes in das öffentliche Leben, in Deprivations-Syndrom... Frankfurt 1970
Niemandskinder. Erfahrungen eines Heimleiters, in: Verlorene Kinder? München 1972

Mende, Ursula und Kirsch, Heidi: Beobachtungen zum Problem der Kindesmißhandlung, Forschungsbericht, München 1968

Mergen, Armand: Die Kriminologie, Berlin 1967

Metzger, Wolfgang: Psychologie in der Erziehung, Bochum 1972
Probleme der vorschulischen Erziehung aus psychologischer Sicht, Münsterische Beiträge... Münster 1968
Über die Auswirkungen der Verpflanzung eines Kindes in eine ihm fremde Umgebung, in: Unsere Jugend, 4/71
Gedanken zum Adoptionsrecht, in: Zentralblatt für Jugendrecht und Jugendwohlfahrt

Moser, Tilmann: Jugendkriminalität und Gesellschaftsstruktur, Frankfurt 1970

Nau, Elisabeth: Mißhandlungen, in: Monatsschrift für Kinderheilkunde, 4/67. In Fernsehsendung „Monitor", Westdeutscher Rundfunk

Neuhäusler, Anton: Autorität – antiautorität – humanität, Erziehung zwischen den Extremen, München 1972.
Das Dressurzeitalter geht zu Ende, in: Südd. Zeitung v. 5./6.1.72

Pechstein, Johannes: Die frühkindliche Entwicklung in kinderärztlicher Sicht, in Verlorene Kinder?, München 72

Petri, Horst: Grenzen der elterlichen Gewalt, in: betrifft: erziehung, 12/71, Weinheim

Redl, Fritz und Wieneman, David: Kinder die hassen, Freiburg 1970
Reinhard, R.: Viele Ärzte schweigen, in: Die Zeit, 38/66; v. Biermann zit.
Ruthe, Reinhold, Herausg.: Ist die Ehe überholt? Aspekte und Prognosen, München 1972

Schenk-Danzinger, Lotte in: Bericht über den 24. Kongreß der Deutschen Gesellschaft für Psychologie, Wien 1964
Schneider, H. J.: Prognostische Beurteilung, in: Handbuch der Psychologie, 1967
Seibert, Ulrich: Ein Jugendkollektiv in München, in: Unsere Jugend 5/70

Trost, Friedrich, Herausg.: Handbuch der Heimerziehung, Frankfurt 1955

Ullrich, Wolfgang: Die Kindesmißhandlung, Strafrecht, Strafverfahren, Kriminologie, Neuwied a. R. u. Berlin, 1964
Wenzel, Hermann: Fürsorgeheime in Pädagogischer Kritik, Stuttgart 1970
Werner, Wolfgang: Vom Waisenhaus ins Zuchthaus, München 1969
Westdeutscher Rundfunk, Fernsehen: Der geförderte Skandal, Sozialer Wohnungsbau in der BRD, August 1973